NAPOLÉON III

PRÉSIDENT ET EMPEREUR

ou

APERÇU DE SES PRINCIPAUX ACTES, ÉCRITS ET DISCOURS,
TELS QUE LES CONSTATENT LE *BULLETIN DES LOIS* ET LE *MONITEUR*, DANS UNE
PREMIÈRE PÉRIODE DE HUIT ANNÉES

De Décembre **1848** à **1857** Mars compris,

INDIQUANT, DANS UN ORDRE MÉTHODIQUE ET CHRONOLOGIQUE,

LES LOIS, DÉCRETS ET DÉCISIONS

rendus en faveur

De l'Armée de terre et de mer; — de la Classe ouvrière; — du Commerce; — de
l'Industrie; — de l'Agriculture; — des Travaux publics; — de la Religion et de
l'Enseignement; — de nos Colonies; — et enfin dans un Intérêt général;

TERMINÉ PAR UN

COUP D'ŒIL SUR LES DÉCISIONS IMPÉRIALES

prises par

SA MAJESTÉ L'IMPÉRATRICE

EN FAVEUR DES CLASSES LABORIEUSES OU NÉCESSITEUSES

Avec une Analyse sommaire des principales dispositions de ces Actes et des avantages
qu'ils assurent;

PAR M. P. HENRICHS

ANCIEN CHEF DE BUREAU AU MINISTÈRE DE LA MARINE,
CHEVALIER DE LA LÉGION D'HONNEUR.

Édition
POPULAIRE.

Prix :
25 CENTIMES.

PARIS

CHEZ **GARNIER** FRÈRES, LIBRAIRES, PÉRISTYLE MONTPENSIER, 215,
AU PALAIS-ROYAL.

1857.

TABLE SOMMAIRE DES MATIÈRES

CONTENUES DANS CETTE BROCHURE.

Page.

AVANT-PROPOS. — Le prince Louis NAPOLÉON avant le 10 décembre 1848. 3

I. Écrits, Discours et Messages de NAPOLÉON III, soit comme Président, soit comme Empereur; — Incidents.. 9

II. Actes rendus en faveur de l'Armée de terre et de mer 42

III. — — des Classes ouvrières et nécessiteuses. 45

IV. — — du Commerce, de l'Industrie et de l'Agriculture; — Travaux publics; — Voies de communication :

(a) Commerce, Industrie, Agriculture. 53 et 54

(b) Traités de commerce et de navigation 54

(c) Travaux publics 55

(d) Voies de communication : Chemins de fer. ibid

— — Paquebots-Postes de la Méditerranée 57

— — Conventions postales ibid

— — Lignes télégraphiques. ibid

V. Actes rendus en faveur de la Religion et de l'Enseignement public :

(a) Religion. 58

(b) Enseignement public. 59

VI. Actes rendus en faveur de nos Colonies et de l'Algérie :

(a) Colonies. 62

(b) Algérie. 63

VII. Actes rendus dans un Intérêt général :

(a) Réformes aux Lois constitutives 65

(b) — judiciaires. 66

(c) — administratives ibid

(d) Actes et Traités politiques. 67

(e) Réparations de torts causés par les précédents gouvernements 70

(f) Amnisties. ibid

VIII. Coup d'œil sur les Décisions impériales prises par S. M. l'IMPÉRATRICE en faveur des classes laborieuses ou nécessiteuses. ibid

SIGNES DES ABRÉVIATIONS.

B. = Bulletin des Lois.

M. = Moniteur universel.

p. = Page.

AVANT-PROPOS.

Le prince Charles-Louis NAPOLÉON, né le 20 avril 1808, de Louis Napoléon, roi de Hollande et de Hortense-Eugénie, reine de Hollande, a été élu Président de la République, le 10 décembre 1848, par 5,334,226 suffrages, et proclamé le 20 du même mois.

Il fut prorogé pour dix ans dans ses pouvoirs par le plébiscite du 2 décembre 1851 et par 7,439,216 suffrages sur 8,116,773 votans.

Il fut élu Empereur des Français, dans les comices des 21 et 22 novembre 1852, par 7,824,189 suffrages sur 8,140,660 votans, et proclamé par le Corps législatif le 1er décembre suivant.

L'histoire impartiale ajoutera (les quelques pages qui suivent serviront à l'attester) qu'après avoir sauvé la France de la ruine et de l'anarchie où il la trouva plongée, il sut, par la sagesse et l'habileté de ses actes, lui rendre en peu d'années sa prospérité, sa gloire et sa première place parmi les États de l'Europe. Et si un jour il demandait pour sa couronne et pour sa dynastie le sacre de l'Église et les bénédictions du Ciel, l'histoire pourra nous dire encore qu'il s'est présenté devant l'autel, déjà béni de tout un peuple, déjà sacré par l'opinion et la reconnaissance publiques.

LE PRINCE LOUIS NAPOLÉON

AVANT LE 10 DÉCEMBRE 1848.

Par un coup d'œil rapide sur la conduite du Prince Louis Napoléon, avant qu'il soit parvenu au pouvoir, nous expliquerons d'abord comment, soit par ses écrits, soit par ses actes, il avait su fixer l'attention, et comment il a successivement appelé sur lui 5 et jusqu'à 8 millions de suffrages. Nous dirons ensuite comment il a prouvé depuis qu'il était digne de cette confiance.

A la nouvelle de la révolution de Février parvenue à Londres, le Prince Louis Napoléon se rend à Paris, et adresse aux membres du gouvernement provisoire une lettre où il dit entre autres :

« Sans autre ambition que celle de servir mon pays, je viens

annoncer mon arrivée aux membres du gouvernement provisoire
et les assurer de mon dévouement... »

Le gouvernement provisoire ayant craint que la présence à Paris
d'un neveu de l'Empereur ne fût une cause de trouble et d'embarras,
le Prince Louis Napoléon quitte Paris, après avoir adressé la lettre suivante aux membres du gouvernement provisoire :

« Après trente-trois années d'exil et de persécution, je croyais
avoir acquis le droit de retrouver un foyer sur le sol de la patrie.

» Vous pensez que ma présence à Paris est maintenant un sujet
d'embarras : je m'éloigne donc momentanément. Vous verrez dans
ce sacrifice la pureté de mes intentions et de mon patriotisme. »

Le Prince est élu représentant; il décline cet honneur, par ce motif,
dit-il dans une lettre à M. Vieillard, datée de Londres, du 11 mai 1848,
que

« Son nom, ses antécédents ont fait de lui, bon gré mal gré,
non un chef de parti, mais un homme sur lequel s'attachent les
regards de tous les mécontents... »

Il ajoute :

« J'ai donc pris la ferme résolution de me tenir à l'écart et
de résister à toutes les séductions que peut avoir pour moi le séjour de mon pays.

» Si la France avait besoin de moi, si mon rôle était tout tracé,
si enfin je pouvais croire être utile à mon pays, je n'hésiterais
pas à passer sur toutes ces considérations secondaires pour remplir un devoir; mais, dans les circonstances actuelles, je ne puis
être bon à rien ; je ne serais tout au plus qu'un embarras. »

Plusieurs élections doubles ou nulles ayant laissé des vides dans
l'Assemblée, les colléges électoraux sont convoqués pour le 3 juin. Les
candidatures sont offertes à Louis Napoléon, qui déclare qu'il ne les
acceptera pas. Néanmoins, le Prince est élu par la Seine, l'Yonne, la
Charente-Inférieure et la Corse.

Informé de son élection, le Prince adresse aux électeurs des remercie-
ments ainsi conçus :

« Vos suffrages me pénètrent de reconnaissance. Cette marque
de sympathie, d'autant plus flatteuse que je ne l'avais point solli-
citée, vient me trouver au moment où je regrettais de rester inac-
tif, alors que la patrie a besoin du concours de tous ses enfants
pour sortir des circonstances difficiles où elle se trouve placée.

» Votre confiance m'impose des devoirs que je saurai remplir;
nos intérêts, nos sentiments, nos vœux sont les mêmes. Enfant
de Paris, aujourd'hui représentant du peuple, je joindrai mes efforts
à ceux de mes collègues pour rétablir l'ordre, le crédit, le tra-

vail, pour assurer la paix extérieure, pour consolider les institutions démocratiques et concilier entre eux des intérêts qui semblent hostiles aujourd'hui, parce qu'ils se soupçonnent et se heurtent au lieu de marcher ensemble vers un but unique : la prospérité et la grandeur du pays. »

La commission exécutive avait fait proposer dans les bureaux de l'Assemblée d'annuler la quadruple élection de Louis Napoléon et de maintenir contre lui la loi qui exile du territoire français la famille Bonaparte. Mais l'Assemblée nationale repousse le projet de décret proposé par la commission du pouvoir exécutif et admet Louis Napoléon. Cependant l'élection du neveu de l'Empereur avait produit une vive sensation; et les fauteurs de troubles, les mécontents de tous les partis, cherchaient à exploiter l'émotion générale à leur profit et pour la perte du nouvel élu. Louis Napoléon en est informé, et il écrit la lettre suivante au président de l'Assemblée nationale :

« Londres, 14 juin 1848.

» Monsieur le président,

» Je partais pour me rendre à mon poste, quand j'apprends que mon élection sert de prétexte à des troubles déplorables et à des erreurs. Je n'ai pas cherché l'honneur d'être représentant du peuple, parce que je savais les soupçons injurieux dont j'étais l'objet; je rechercherais encore moins le pouvoir. Si le peuple m'imposait des devoirs, je saurais les remplir.

» Mais je désavoue tous ceux qui me prêtent des intentions ambitieuses que je n'ai pas. Mon nom est un symbole d'ordre, de nationalité, de gloire, et ce serait avec la plus vive douleur que je le verrais servir à augmenter les troubles et les déchirements de la patrie. Pour éviter un tel malheur, je resterais plutôt en exil.

» Je suis prêt à tous les sacrifices pour le bonheur de la France. »

Ces paroles ne peuvent désarmer quelques ennemis passionnés de Louis Napoléon. Ils se soulèvent contre lui dans l'Assemblée nationale avec une nouvelle fureur.

Louis Napoléon met, par cette lettre, un terme à ces débats.

« Londres, le 15 juin 1848.

» Monsieur le président,

» J'étais fier d'avoir été élu représentant à Paris et dans trois autres départements ; c'était, à mes yeux, une ample réparation pour trente années d'exil et six ans de captivité; mais les soupçons injurieux qu'a fait naître mon élection, mais les troubles dont elle a été le prétexte, mais l'hostilité du pouvoir exécutif, m'imposent le devoir de refuser un honneur qu'on croit avoir été obtenu par l'intrigue.

» Je désire l'ordre et le maintien d'une république sage, grande, intelligente ; et puisque, involontairement, je favorise le désordre, je dépose, non sans de vifs regrets, ma démission entre vos mains.

» Bientôt, je l'espère, le calme renaîtra et me permettra de rentrer en France, comme le plus simple des citoyens, et aussi comme l'un des plus dévoués au repos et à la prospérité de mon pays. »

L'élection de Corse n'ayant été connue que depuis la démission de Louis Napoléon, le Prince, pour prévenir le rapport qui serait fait sur cette élection, adresse au président de l'Assemblée une nouvelle lettre, par laquelle il renouvelle sa démission.

« Je veux, » dit-il dans cette lettre, « que mon désintéressement prouve la sincérité de mon patriotisme ; je veux que ceux qui m'accusent d'ambition soient convaincus de leur erreur. »

De nouvelles élections se préparent ; le nom de Napoléon est dans toutes les bouches. Le général Piat écrit au Prince pour lui demander s'il accepte la candidature, Louis Napoléon lui répond :

« Général, vous me demandez si j'accepterais le mandat de représentant du peuple, dans le cas où je serais réélu ; je vous réponds oui sans hésiter.

» Aujourd'hui qu'il a été démontré sans réplique que mon élection dans quatre départements (non compris la Corse) n'a pas été le résultat d'une intrigue, et que je suis resté étranger à toute manifestation, à toute manœuvre politique, je croirais manquer à mon devoir si je ne répondais pas à l'appel de mes concitoyens.

» Mon nom ne peut plus être un prétexte de désordres. Il me tarde donc de rentrer en France et de m'asseoir au milieu des représentants du peuple...... »

Trois cent mille suffrages proclament, pour la troisième fois, Louis Napoléon représentant du peuple. Le Prince se rend à Paris et vient prendre sa place à l'Assemblée nationale, le 26 septembre 1848.

Son admission, cette fois, est prononcée sans protestation, et l'Assemblée nationale, quelques jours après, vote à *l'unanimité* des suffrages le décret suivant, dernière condamnation du projet de décret présenté le 12 juin :

« L'art. 6 de la loi du 8 avril 1832, relative au bannissement de la famille Bonaparte, est abrogé. » (*Moniteur*, 13 octobre 1848.)

Louis-Napoléon, néanmoins, fut encore attaqué dans le sein de l'Assemblée nationale, le 25 octobre, à propos de sa candidature comme Président de la république.

Le Prince répondit le lendemain à ces nouvelles attaques par un discours, dont nous extrayons ces passages remarquables :

« De quoi m'accuse-t-on ? d'accepter, des sentiments populaires, une candidature que je n'ai pas réclamée !

» Eh bien, oui, je l'accepte, cette candidature qui m'honore. Je l'accepte, parce que trois élections successives et le décret unanime de l'Assemblée nationale contre la proscription de ma famille m'autorisent à croire que la France regarde le nom que je porte comme pouvant servir à la consolidation de la société ébranlée jusque dans ses fondements, à l'affermissement et à la prospérité de la république.

» Que ceux qui m'accusent d'ambition connaissent peu mon cœur! Si un devoir impérieux ne me retenait pas ici, si la sympathie de mes concitoyens ne me consolait pas de l'animosité de quelques attaques et de l'impétuosité même de quelques défenses, il y a longtemps que j'aurais regretté l'exil.

» On me reproche mon silence! il n'est donné qu'à peu de personnes d'apporter ici une parole éloquente au service d'idées justes et saines. N'y a-t-il donc qu'un seul moyen de servir son pays? Ce qu'il lui faut surtout, ce sont des actes; ce qu'il lui faut, c'est un gouvernement ferme, intelligent et sage, qui pense plus à guérir les maux de la société qu'à les venger; un gouvernement qui se mette franchement à la tête des idées vraies, pour repousser ainsi, mille fois mieux que par les baïonnettes, les théories qui ne sont pas fondées sur l'expérience et la raison. »

Quelques jours avant le vote du 10 décembre, le Prince Louis-Napoléon adresse à ses concitoyens un manifeste, dont nous rappellerons ici les passages, qui résument les idées qu'il se proposait d'apporter dans l'exercice du pouvoir :

« Quel que soit le résultat de l'élection, je m'inclinerai devant la volonté du peuple, et mon concours est acquis d'avance à tout gouvernement juste et ferme qui rétablisse l'ordre dans les esprits comme dans les choses; qui protége efficacement la religion, la famille, la propriété, bases éternelles de tout état social; qui provoque les réformes possibles, calme les haines, réconcilie les partis, et permette ainsi à la patrie inquiète de compter sur un lendemain.

» Rétablir l'ordre, c'est ramener la confiance, pourvoir par le crédit à l'insuffisance passagère des ressources, restaurer les finances.

» Protéger la religion et la famille, c'est assurer la liberté des cultes et la liberté de l'enseignement.

» Protéger la propriété, c'est maintenir l'inviolabilité des produits de tous les travaux ; c'est garantir l'indépendance et la sécurité de la possession, fondements indispensables de la liberté civile.

» Quant aux réformes possibles, voici celles qui me paraissent les plus urgentes :

» Admettre toutes les économies qui, sans désorganiser les services publics, permettent la diminution des impôts les plus onéreux au peuple; encourager les entreprises qui, en développant les richesses de l'agriculture, peuvent, en France et en Algérie, donner du travail aux bras inoccupés; pourvoir à la vieillesse des travailleurs par des institutions de prévoyance; introduire dans nos lois industrielles les améliorations qui tendent, non à ruiner le riche au profit du pauvre, mais à fonder le bien-être de chacun sur la prospérité de tous;

» Restreindre dans de justes limites le nombre des emplois qui dépendent du pouvoir, et qui souvent font d'un peuple libre un peuple de solliciteurs;

» Éviter cette tendance funeste qui entraîne l'État à exécuter lui-même ce que les particuliers peuvent faire aussi bien et mieux que lui. La centralisation des intérêts et des entreprises est dans la nature du despotisme. La nature de la république repousse le monopole;

» Enfin, préserver la liberté de la presse des deux excès qui la compromettent toujours : l'arbitraire et sa propre licence.

» Avec la guerre, point de soulagement à nos maux. La paix serait donc le plus cher de mes désirs. La France, lors de sa première révolution, a été guerrière parce qu'on l'avait forcée de l'être. A l'invasion, elle répondit par la conquête. Aujourd'hui qu'elle n'est pas provoquée, elle peut consacrer ses ressources aux améliorations pacifiques, sans renoncer à une politique loyale et résolue. Une grande nation doit se taire ou ne jamais parler en vain.

» Songer à la dignité nationale, c'est songer à l'armée, dont le patriotisme si noble et si désintéressé a été souvent méconnu. Il faut, tout en maintenant les lois fondamentales qui font la force de notre organisation militaire, alléger et non aggraver le fardeau de la conscription. Il faut veiller au présent et à l'avenir, non-seulement des officiers, mais aussi des sous-officiers et des soldats, et préparer aux hommes, qui ont servi longtemps sous les drapeaux, une existence assurée. »

I. — ÉCRITS, DISCOURS ET MESSAGES DE NAPOLÉON III, SOIT COMME PRÉSIDENT, SOIT COMME EMPEREUR. — INCIDENTS (1).

Aussitôt son entrée au pouvoir, le Prince Louis Napoléon apportait toute sa sollicitude, il consacrait tous les instants, que lui laissait le soin de son gouvernement, à l'étude attentive de l'état de nos fabriques, des besoins de la classe ouvrière ou de l'armée, de la situation des hôpitaux, etc.

Dès les premiers mois de 1849, il visitait successivement les principaux établissements industriels de la capitale (M. 27 janvier et 30 mars), le musée d'artillerie (M. 14 mars), les salles de campement des troupes, au Luxembourg, examinant minutieusement les objets de literie ou d'habillement et les cantines, où il goûtait le pain et la soupe du soldat, afin de s'assurer par lui-même dans quelles conditions d'hygiène et de bien-être se trouvent les troupes (M. 31 mars) ; puis les hôpitaux de l'Hôtel-Dieu, du Val-de-Grâce et de la Salpêtrière, alors désolés par le choléra (M. 17 juin), l'hôpital militaire du Gros-Caillou (M. 22 juin), l'Observatoire, l'Institution des sourds-muets, et plusieurs filatures ou fabriques (M. 11 août). Au mois d'octobre 1849, il continuait ses visites dans les ateliers du faubourg Saint-Antoine et aux principaux établissements industriels de la capitale (M. 16 et 24 octobre), aux constructions de la cité ouvrière du 2e arrondissement, où il exprimait le vœu que de nouvelles constructions de ce genre pussent être prochainement exécutées, persuadé qu'elles ne pourront que servir à moraliser la classe ouvrière, en lui apportant un plus grand bien-être (M. 21 octobre).

1849, 7 juin. — Le Prince Louis Napoléon était au pouvoir depuis six mois à peine, quand, dans son message à l'Assemblée législative, du 7 juin 1849, il constatait quelques faits qui témoignaient déjà du rétablissement de l'ordre et de la prospérité publique :

« Les prisons, dit-il, se sont déjà ouvertes à 1,570 transportés de juin, et bientôt les autres seront mis en liberté sans que la société ait rien à en redouter...

» La marche suivie avait, en assez peu de temps, rétabli la confiance ; les affaires avaient repris un grand essor, les caisses d'épargne se remplissaient. Depuis la fin de janvier, le produit des contributions indirectes et des douanes n'avait pas cessé de s'accroître et s'était rapproché, en avril, des temps les plus prospères. Le Trésor avait retrouvé le crédit dont il a besoin, et la ville de Paris avait pu contracter un emprunt dont le taux avoisine le pair, négociation qui rappelait l'époque où la confiance était le mieux raffermie. Les demandes en autorisation de sociétés anonymes se multipliaient ; le nombre des brevets d'invention augmentait de jour en jour ; le prix des offices, le taux de toutes les valeurs, qui avaient subi une dépréciation si grande, se relevait graduellement ; enfin, dans toutes les villes manufacturières,

(1) On trouvera ces documents *in extenso* au *Moniteur* le lendemain ou le surlendemain des dates indiquées en tête de chaque paragraphe.

le travail avait recommencé et les étrangers affluaient de nouveau à Paris. »

Dans le résumé de ce Message, le Prince-Président terminait ainsi :

« Notre devoir est de faire la part entre les idées fausses et les idées vraies qui jaillissent d'une révolution ; puis, cette séparation faite, il faut se mettre à la tête des unes et combattre courageusement les autres. La vérité se trouvera en faisant appel à toutes les intelligences, en ne repoussant rien avant de l'avoir approfondi, en adoptant tout ce qui aura été soumis à l'examen des hommes compétents et aura subi l'épreuve de la discussion.

» D'après ce que je viens d'exposer, deux sortes de lois seront présentées à votre approbation : les unes pour rassurer la société et réprimer les excès ; les autres pour introduire partout des améliorations réelles (1). »

1849, 13 juin. — Une minorité factieuse, au sein même de l'Assemblée législative, avait fait un appel à l'insurrection, à la guerre civile. C'est à cette occasion que le Prince-Président adressait au peuple une proclamation dont nous extrayons les passages suivants :

« Quelques factieux osent encore lever l'étendard de la révolte contre un gouvernement légitime, puisqu'il est le produit du suffrage universel...

» Ce système d'agitation entretient dans le pays le malaise et la défiance, qui engendrent la misère ; il faut qu'il cesse. Il est temps que les bons se rassurent et que les méchants tremblent. La république n'a pas d'ennemis plus implacables que ces hommes qui, perpétuant le désordre, nous forcent de changer la France en un vaste camp, nos projets d'amélioration et de progrès en des préparatifs de lutte et de défense.

» Élu par la nation, la cause que je défends est la vôtre, c'est celle de vos familles comme celle de vos propriétés, celle du pauvre comme du riche, celle de la civilisation tout entière. Je ne reculerai devant rien pour la faire triompher. »

1849. 6 juillet. — Le Prince-Président assistait à l'inauguration du chemin de fer de Paris à Chartres, et le préfet d'Eure-et-Loir lui avait adressé un discours où il disait entre autres :

« Tous les citoyens de ce département, laboureurs, artisans, soldats, fonctionnaires, qui vous ont donné 58,000 suffrages, viennent saluer aujourd'hui, dans l'élu du 10 décembre, le premier magistrat de la République, qui a compris leurs vœux et justifié leur confiance.

(1) On trouvera ci-après l'énonciation sommaire de ces lois, à savoir : Loi sur les institutions de secours et de prévoyance ; loi sur la défense gratuite des indigents ; loi pour améliorer la pension de retraite des sous-officiers et soldats, et le système du recrutement de l'armée, etc.

» La France, égarée depuis le 24 février 1848 dans la poursuite d'une liberté sans limite et sans frein, avait rencontré l'anarchie; le peuple, qui ne prévoit jamais mieux que quand il se souvient, a prononcé votre nom comme un gage de salut, et voilà que ce nom, proclamé par 6 millions de suffrages, a rendu subitement à la France toutes les conditions d'un gouvernement fort et régulier.

» Vous n'avez été ainsi, monsieur le Président, l'élu d'aucun parti; vous avez été celui de tout le monde. C'est une gloire de plus pour le nom que vous portez; c'est en même temps, pour votre gouvernement, une force qui aurait manqué à tout autre dans les épreuves que nous avons à traverser.

» Vous avez usé de cette force dans un intérêt général; c'est une justice que la postérité vous rendra. »

Le Président a répondu :

« Je suis heureux de visiter cette ville qui rappelle deux grandes époques, deux grands souvenirs de notre histoire.

» C'est à Chartres que saint Bernard vint prêcher la deuxième croisade, magnifique idée du moyen âge, qui arracha la France aux luttes intestines, et éleva le culte de la foi au-dessus du culte des intérêts matériels.

» C'est aussi à Chartres que fut sacré Henri IV; c'est ici qu'il marqua le terme de dix années de guerre civile en venant demander à la religion de bénir le retour à la paix et à la concorde.

» Eh bien, aujourd'hui, c'est encore à la foi et à la conciliation qu'il faut faire appel : à la foi, qui nous soutient et nous permet de supporter toutes les difficultés du jour; à la conciliation, qui augmente nos forces et nous fait espérer un meilleur avenir. Ainsi donc, à la foi! à la conciliation! à la ville de Chartres! »

Lors de cette excursion dans le département de l'Eure, une députation des ouvriers de Rugles disait au Prince-Président, à l'occasion de la journée du 13 juin :

« Nous venons déposer à vos pieds l'hommage de nos ardentes sympathies et de notre profonde reconnaissance.

» Le grand homme dont vous portez le nom et dont nous chérissons la mémoire, a sauvé la France de l'anarchie révolutionnaire. La Providence vous réservait la même gloire. Désormais nos cœurs vous confondront l'un et l'autre dans les mêmes bénédictions et dans le même amour.

» Oui, vous remplissez toutes les espérances que nous avons mises en vous. Votre victoire, la victoire de la France sur les ennemis de l'ordre, va faire luire des jours meilleurs sur notre patrie bien-aimée, et la paix sociale ramènera bientôt, avec la confiance, le travail dans nos ateliers et l'aisance dans nos familles. Grâces vous soient donc à jamais rendues ! »

1849. 22 juillet. — Le Prince s'était rendu à Ham pour visiter la forteresse, et la ville lui ayant offert un banquet, il répondit à un toast du maire par ces paroles :

« Je suis profondément ému de la réception affectueuse que je reçois de vos concitoyens ; mais, croyez-le, si je suis venu à Ham, ce n'est pas par orgueil, c'est par reconnaissance. J'avais à cœur de remercier les habitants de cette ville et des environs, de toutes les marques de sympathie qu'ils n'ont cessé de me donner pendant mes malheurs.

» Aujourd'hui, qu'élu par la France entière, je suis devenu le chef légitime de cette grande nation, je ne saurais me glorifier d'une captivité qui avait pour cause l'attaque contre un gouvernement régulier. Quand on a vu combien les révolutions les plus justes entraînent de maux après elles, on comprend à peine l'audace d'avoir voulu assumer sur soi la terrible responsabilité d'un changement. Je ne me plains donc pas d'avoir expié ici, par un emprisonnement de six années, ma témérité contre les lois de ma patrie ; et c'est avec bonheur que, dans les lieux mêmes où j'ai souffert, je vous propose un toast en l'honneur des hommes qui sont déterminés, malgré leurs convictions, à respecter les institutions de leur pays. »

1849. 29 juillet. — Parti pour assister à l'inauguration du chemin de fer de Tours à Angers, le Prince-Président répond au maire de cette ville par une allocution dans laquelle on remarque ce passage :

« Vos acclamations s'expliquent parce que je représente ce système de modération et de conciliation qui consiste à implanter en France, non cette liberté sauvage permettant à chacun de faire ce qu'il veut, mais la liberté des peuples civilisés, permettant à chacun de faire ce qui ne peut nuire à la communauté. »

1849. 30 juillet. — D'Angers, M. le Président se rend à Nantes, où il répond ainsi au toast qui lui est porté :

« Ce n'est pas sans émotion que j'ai vu ce grand fleuve derrière lequel se sont réfugiés les derniers glorieux bataillons de notre grande armée ; ce n'est pas sans émotion que je me suis arrêté avec respect devant le tombeau de Bonchamp ; ce n'est pas sans émotion qu'aujourd'hui, assis au milieu de vous, je me trouve en face de la statue de Cambronne. Tous ces souvenirs, si noblement appréciés par vous, me prouvent que, si le sort le voulait, nous serions encore la grande nation par les armes. Mais il y a une gloire tout aussi grande aujourd'hui, c'est de nous opposer à toute guerre civile et à toute guerre étrangère, et de grandir par le développement progressif de notre industrie et de notre commerce. Voyez cette forêt de mâts qui languit ici dans votre port, elle n'attend qu'une aide pour porter au bout du monde les produits de notre civilisation. Soyons unis; oublions toute cause de dissension, soyons dévoués à l'ordre et aux grands intérêts de notre pays, et bientôt nous serons encore la grande nation par les arts, par l'industrie, par le commerce. »

1849. 31 juillet. — Arrivé à Saumur, le Prince-Président a porté à l'armée un toast où l'on remarque ces paroles :

« Ici, l'esprit militaire est encore dans toute sa force, et, Dieu en soit loué! il n'est pas près de s'éteindre ! N'oublions pas que cet esprit militaire est, dans les temps de crise, la sauvegarde de la patrie.

» Dans la première révolution, l'Empereur l'a dit, tandis qu'à l'intérieur tous les partis se décimaient et se déshonoraient réciproquement par leurs excès, l'honneur national s'était réfugié dans nos armées.

» Faisons donc tous nos efforts pour garder intact, pour développer encore cet esprit militaire ; car, croyez-le, si les produits des arts et des sciences méritent toute notre admiration, il y a quelque chose qui la mérite encore davantage, c'est la religion du devoir, c'est la fidélité au drapeau. »

1849. 13 août. — A l'occasion du voyage du Prince-Président au Havre, à Rouen, à Louviers et à Elbeuf, où il s'était rendu pour y visiter les principaux établissements industriels, un ouvrier de cette dernière ville lui adressait les paroles suivantes :

« Au 10 décembre, nos ateliers étaient déserts, nos souffrances inouïes. La volonté nationale vous place à la tète de l'Etat, et cette heureuse inspiration ramène, avec l'ordre et la confiance, l'activité de l'industrie qui nous fait vivre. Le travail a déjà ramené parmi nous quelque bien-être ; nous vous en rendons grâces, Monsieur le Président, et nous espérons en vous pour l'avenir, car nous savons que notre sort vous touche et vous préoccupe vivement. »

M. le Président a répondu :

« Je suis bien touché des paroles que vous venez de m'adresser au nom des ouvriers d'Elbeuf. Vous ne vous trompez pas en pensant que ma sollicitude est acquise à la classe ouvrière; mes efforts auront toujours pour objet d'améliorer sa position. »

1849. 18 août. — L'expédition française à Rome donnait lieu à la lettre suivante, adressée par le Président au lieutenant-colonel Edgar Ney, son officier d'ordonnance :

« La république française n'a pas envoyé une armée à Rome pour y étouffer la liberté italienne, mais, au contraire, pour la régler, en la préservant contre ses propres excès, et pour lui donner une base solide, en remettant sur le trône pontifical le prince qui, le premier, s'était placé hardiment à la tête de toutes les réformes utiles.

» J'apprends avec peine que les intentions bienveillantes du Saint-Père, comme notre propre action, restent stériles, en présence de passions et d'influences hostiles. On voudrait donner, comme base à la rentrée du Pape, la proscription et la tyrannie. Dites de ma part au général Rostolan qu'il ne doit pas permettre qu'à l'ombre du drapeau tricolore on commette aucun acte qui puisse dénaturer le caractère de notre intervention.

» Je résume ainsi le rétablissement du pouvoir temporel du Pape : amnistie générale, sécularisation de l'administration, Code Napoléon et gouvernement libéral.

» J'ai été personnellement blessé, en lisant la proclamation des trois cardinaux, de voir qu'il n'était pas même fait mention du nom de la France, ni des souffrances de nos braves soldats.

» Toute insulte faite à notre drapeau ou à notre uniforme me va droit au cœur, et je vous prie de bien faire savoir que si la France ne vend pas ses services, elle exige au moins qu'on lui sache gré de ses sacrifices et de son abnégation.

» Lorsque nos armées firent le tour de l'Europe, elles laissèrent partout, comme trace de leur passage, la destruction des abus de la féodalité et les germes de la liberté; il ne sera pas dit qu'en 1849 une armée française ait pu agir dans un autre sens et amener d'autres résultats.

» Dites au Général de remercier, en mon nom, l'armée de sa noble conduite. J'ai appris avec peine que, physiquement même, elle n'était pas traitée comme elle devait l'être; rien ne doit être négligé pour établir convenablement nos troupes. » (M. 7 sept.)

1849. 31 août. — Au banquet des exposants de l'Industrie, le Prince-Président répondait ainsi au toast qui lui était porté :

« Aujourd'hui, c'est par le perfectionnement de l'industrie, par les conquêtes du commerce, qu'il faut lutter avec le monde entier; et, dans cette lutte, vous m'en avez donné la conviction, nous ne succomberons pas. Mais aussi n'oubliez pas de répandre parmi les ouvriers les saines doctrines de l'économie politique; en leur faisant une juste part dans la rétribution du travail, prouvez-leur que l'intérêt du riche n'est pas opposé à l'intérêt du pauvre. »

1849. 3 novembre. — Lors de la cérémonie de l'institution de la Magistrature, le Prince a prononcé le discours suivant :

« Messieurs, je suis heureux de me trouver aujourd'hui au milieu de vous et de présider une cérémonie solennelle qui, en reconstituant la Magistrature, rétablit un principe qu'un égarement momentané a pu seul faire méconnaître. Aux époques agitées, dans les temps où les notions du juste et de l'injuste semblent confondues, il est utile de relever le prestige des grandes institutions et de prouver que certains principes renferment en eux une force indestructible. On aime à pouvoir dire : les lois fondamentales du pays ont été renouvelées, tous les pouvoirs de l'Etat sont passés en d'autres mains, et cependant, au milieu de ces bouleversements et de ces naufrages, le principe de l'inamovibilité de la magistrature est resté debout. En effet, les sociétés ne se transforment pas au gré des ambitions humaines ; les formes changent, la chose reste. Malgré les tempêtes politiques survenues depuis 1815, nous ne vivons encore que grâce aux larges institutions fondées par le Consulat et l'Empire ; les dynasties et les chartes ont passé ; mais ce qui a survécu et ce qui nous sauve, c'est la religion, c'est l'organisation de la justice, de l'armée, de l'administration.

» Honorons donc ce qui est immuable, mais honorons aussi ce qu'il peut y avoir de bon dans les changements introduits. Aujourd'hui, par exemple, que, accourus de tous les points de la France, vous venez devant le premier magistrat de la République prêter un serment, ce n'est pas à un homme que vous jurez fidélité, mais à la loi. Vous venez ici, en présence de Dieu et des grands pouvoirs de l'Etat, jurer de remplir religieusement un mandat dont l'accomplissement austère a toujours distingué la Magistrature française. Il est consolant de penser qu'en dehors des passions politiques et des agitations de la société, il existe un corps d'hommes n'ayant d'autre guide que leur conscience, d'autre passion que le bien, d'autre but que de faire régner la justice.—Vous allez, Messieurs, retourner dans vos départements ; rapportez-y la conviction que nous sommes sortis de l'ère des révolutions et que nous sommes entrés dans l'ère des améliorations qui préviennent les catastrophes. Appliquez avec fermeté, mais aussi avec l'impartialité la plus grande, les dispositions tutélaires de nos codes. Qu'il n'y ait jamais de coupables impunis, ni d'innocents persécutés. Il est temps, comme je l'ai dit naguère, que ceux qui veulent le bien se rassurent, et que ceux-là se résignent qui tentent de mettre leurs opinions et leurs passions à la place des volontés nationales. »

1849. 11 novembre. — Le Prince préside à la distribution des récompenses aux exposants de l'Industrie nationale, et il prononce un discours dans lequel on remarque ce passage :

« Les améliorations ne s'improvisent pas, elles naissent de celles qui les précèdent ; comme l'espèce humaine, elles ont une filiation qui nous permet de mesurer l'étendue du progrès possible et de le séparer des utopies. Ne faisons donc pas naître de vaines espérances, mais tâchons d'accomplir toutes celles qu'il est raisonnable d'accepter; manifestons par nos actes une constante sollicitude pour les intérêts du peuple; réalisons, au profit de ceux qui travaillent, ce vœu philanthropique d'une part meilleure dans les bénéfices et d'un avenir plus assuré.....

» Lorsque, de retour dans vos départements, vous serez au milieu de vos ouvriers, affermissez-les dans les bons sentiments, dans les saines maximes, et, par la pratique de cette justice qui récompense chacun selon ses œuvres, apaisez leurs souffrances, rendez leur condition meilleure. Dites-leur que le pouvoir est animé de deux passions également vives : l'amour du bien, et la volonté de combattre l'erreur et le mensonge. Pendant que vous ferez ainsi votre devoir de citoyens, moi, n'en doutez pas, je ferai mon devoir de premier magistrat de la République. Impassible devant les calomnies comme devant les séductions, sans faiblesse comme sans jactance, je veillerai à vos intérêts, qui sont les miens ; je maintiendrai mes droits, qui sont les vôtres. »

1850. 7 avril. — Ouverture de la session du Conseil général de l'agriculture, du commerce et des manufactures. Le Prince-Président y prononce une allocution dont nous extrayons ces paroles remarquables :

« ...... Il faut, d'un côté, raffermir des choses ébranlées; de l'autre, adopter avec résolution les mesures propres à venir en aide aux intérêts en souffrance. Le meilleur moyen de réduire à l'impuissance ce qui est dangereux et faux, c'est d'accepter ce qui est vraiment bon et utile. . . . . .

» Au lieu de se lancer dans de vaines théories, les hommes sensés doivent unir leurs efforts aux nôtres afin de relever le crédit en donnant au gouvernement la force indispensable au maintien de l'ordre et au respect de la loi.

» Tout en prenant les mesures générales qui doivent concourir à la prospérité du pays, le gouvernement s'est occupé du sort des classes laborieuses. Les caisses d'épargne, les caisses de retraite, les caisses de secours mutuels, la salubrité des logements d'ouvriers, tels sont les objets sur lesquels, en attendant la décision de l'Assemblée, le gouvernement appellera votre attention. »

1850. 16 avril. — Un bataillon du 11e léger, en passant le pont de la Basse-Chaîne, à Angers, était précipité dans le Maine par suite de la rupture du pont, et plus de 200 soldats avaient trouvé la mort dans les flots.

Le Président se rend à Angers pour s'assurer par lui-même de la situation des victimes de ce désastre, porter les consolations qui sont en son pouvoir, et récompenser les actes de dévouement qui ont éclaté dans cette catastrophe.

Il parcourt plusieurs quartiers de la ville d'Angers, le port

Ligny et distribue lui-même une somme importante aux personnes peu aisées qui ont prodigué des secours aux victimes. Il va enfin à l'hôpital Saint-Jean, pour visiter les blessés du 11e léger, puis à la caserne pour passer la revue des débris du bataillon. (*M.* des 19 et 22 avril 1850.)

1850. 9 et 10 juin. — Inauguration du chemin de fer de Creil à Saint-Quentin. Le Président y prononce plusieurs allocutions, auxquelles nous empruntons les passages ci-après :

« Je suis heureux, disait-il aux habitants de Saint-Quentin, de me trouver parmi vous, et je recherche avec plaisir ces occasions qui me mettent en contact avec ce grand et généreux peuple qui m'a élu ; car, voyez-vous, mes amis les plus sincères, les plus dévoués, ne sont pas dans les palais, ils sont sous le chaume ; ils ne sont pas sous les lambris dorés, ils sont dans les ateliers, dans les campagnes.

» Je sens, comme disait l'Empereur, que ma fibre répond à la vôtre, et que nous avons les mêmes intérêts ainsi que les mêmes instincts. Persévérez dans cette voie honnête et laborieuse qui conduit à l'aisance, et que ces livrets que je me plais à vous offrir comme une faible marque de ma sympathie, vous rappellent le trop court séjour que je fais parmi vous. »

Plus loin, répondant au maire de Saint-Quentin, il ajoutait :

« Il faut enrichir le peuple par toutes les institutions de prévoyance et d'assistance que la raison approuve, et bien le convaincre que l'ordre est la source première de toute prospérité...

» Courage donc, habitants de Saint-Quentin ! continuez à faire honneur à notre nation par vos produits industriels. Croyez à mes efforts et à celui du gouvernement pour protéger vos entreprises et pour améliorer le sort des travailleurs. »

A Chauny, le Président disait :

« J'aime à me voir entouré de travailleurs qui sont l'objet de ma constante sollicitude. Je suis donc très-heureux d'apercevoir, mêlés à la garde nationale, le corps d'ouvriers de cette contrée. Je me félicite doublement, en les voyant ici, de m'être arrêté parmi vous, et je leur sais gré de leur présence. »

1850. 13 juillet. — Visite à Compiègne. Elle a été signalée par quelques incidents rapportés par le *Moniteur,* et que nous croyons devoir rappeler ici :

A la station de Beaumont, une femme du peuple s'est avancée vers le Président et lui a demandé le congé de son fils, jeune soldat du 18e de ligne, qui a encore quelques mois à faire pour être libéré. Le Président a reçu avec bonté la supplique de cette pauvre femme, et a chargé le ministre de la guerre de lui rendre ce fils qui est l'objet de ses vœux et de ses larmes.

2

Lors de sa visite à la manufacture d'Ourscamp, près de Compiègne, une pauvre femme, soutenant à peine un enfant de douze ans, s'est portée à la rencontre de l'évêque de Beauvais qui marchait à côté du Président. L'évêque a béni le malade, en même temps que le chef de l'Etat donnait à la malheureuse mère une preuve de sa munificence.

Plus loin, dans une des habitations visitées, se célébrait une noce. Le Président, sur l'invitation de la mariée, s'est rendu dans la modeste chambre où étaient réunis les gens de la fête, et il a joint, aux souhaits de bonheur pour le jeune ménage, un cadeau de 200 fr. pour le futur premier-né. — Il a déposé une somme de 400 fr. dans le tronc des malades de l'ancienne abbaye d'Ourscamp.

Le dimanche, le Président a assisté à la messe. La première pensée du chef de l'Etat avait été pour Dieu ; sa seconde pensée a été pour les malheureux ; après la messe, il a été visiter les hospices de Compiègne.

Enfin, le Président a fait remettre à la disposition de vingt instituteurs la somme nécessaire à la location, par chacun d'eux, de 2 hectares de terre propres à la culture pour être exploités, sous leur surveillance, par les enfants qui fréquentent leur école.

Cette allocation du Président permettra de tenter cette expérience sur divers points de la France, soit auprès des grandes villes et des centres manufacturiers, soit dans les communes rurales proprement dites. Si elle réussit en France, comme il en a été dans les pays qui nous avoisinent, elle aura ouvert une voie nouvelle tant à la bienfaisance publique qu'à la charité privée. (*U*. des 17 et 20 juillet 1850.)

1850. 12 août. — Voyage de Lyon. Répondant au discours du maire, M. le Président a dit :

« Le but de mon voyage est, par ma présence, d'encourager les bons, de ramener les esprits égarés, de juger par moi-même des sentiments et des besoins du pays. La tâche que j'ai à accomplir exige votre concours, et, pour que ce concours me soit complétement acquis, je dois vous dire avec franchise ce que je suis et ce que je veux. Je suis, non pas le représentant d'un parti, mais le représentant des deux grandes manifestations nationales qui, en 1804 comme en 1848, ont voulu sauver, par l'ordre, les grands principes de la Révolution française. Fier de mon origine et de mon drapeau, je leur resterai fidèle ; je serai tout entier au pays, quelque chose qu'il exige de moi, *abnégation* ou *persévérance*. »

Et lors de l'inauguration, dans la même ville, de la caisse de retraite et de secours pour la classe ouvrière :

« Les sociétés de secours mutuels, telles que je les comprends, ont le précieux avantage de réunir les différentes classes de la

société, de neutraliser en grande partie les résultats de la misère, en faisant concourir le riche volontairement par le superflu
de sa fortune, et le travailleur, par le produit de ses économies,
à une institution où l'ouvrier laborieux trouve toujours conseil
et appui. On donne ainsi aux différentes communautés un but d'é-
mulation, on réconcilie les classes et on moralise les individus.
C'est donc ma ferme intention de faire tous mes efforts pour répandre sur la surface de la France des sociétés de secours mutuels ; car à mes yeux ces institutions, une fois établies partout,
seraient le meilleur moyen, non de résoudre des problèmes inso-
lubles, mais de secourir les véritables souffrances, en stimulant
également et la probité dans le travail, et la charité dans l'opulence. »

Puis en signant, avec les ministres présents et les membres du conseil
d'administration, le procès-verbal de la séance, le chef de l'Etat inscrit au
registre des délibérations, les mots suivants : *Plus de pauvreté pour
l'ouvrier malade, ni pour celui que l'âge a condamné au repos.*

Répondant au président de la Chambre de commerce :

« C'est en protégeant libéralement les diverses branches de la
richesse publique ; c'est, à l'étranger, en défendant hardiment nos
alliés, c'est en portant haut le drapeau de la France, qu'on pro-
curera au pays agricole, commercial et industriel le plus de bénéfice ; car ce système aura l'honneur pour base, et l'honneur est
toujours le meilleur guide. »

1850. 28 août. — Voyage à Strasbourg. A son passage à Reims, le
Président, répondant au maire de cette ville, a dit :

« L'accueil que je reçois à Reims, au terme de mon voyage,
vient confirmer ce que j'ai vu par moi-même dans toute la France,
et ce dont je n'avais pas douté : notre pays ne veut que l'ordre,
la religion et une sage liberté. Partout, j'ai pu m'en convaincre,
le nombre des agitateurs est infiniment petit, et le nombre des
bons citoyens infiniment grand. Dieu veuille qu'ils ne se divisent
pas ! C'est pourquoi, en me retrouvant aujourd'hui dans cette an-
tique cité de Reims, où les rois, qui représentaient aussi les intérêts de la nation, sont venus se faire sacrer, je voudrais que nous
pussions y couronner, non plus un homme, mais une idée, l'idée
d'union et de conciliation dont le triomphe ramènerait le repos
dans notre patrie, déjà si grande par ses richesses, ses vertus et sa foi.

1850. 3 septembre. — Voyage de Cherbourg. En passant à Evreux,
le Prince répond ainsi aux félicitations de l'évêque de cette ville :

« Mon but, dans ces voyages, est de connaître les populations,
de me mettre en communication directe avec leurs véritables
interprètes, et aussi de me pénétrer de leurs vœux comme de
leurs intérêts.

» La religion et la famille sont, avec l'autorité et l'ordre, les bases de toute société durable. Le but constant de mes efforts est d'affermir ces éléments essentiels du bonheur et de la prospérité du pays. »

Dans un banquet qui lui est donné par la ville de Cherbourg, le Prince prononce une allocution où se font remarquer les passages ci-après :

« Pourquoi l'Empereur, malgré la guerre, a-t-il couvert la France de ces travaux impérissables qu'on retrouve à chaque pas, et nulle part plus remarquables qu'ici ? C'est qu'indépendamment de son génie, il vient à une époque où la nation, fatiguée des révolutions, lui donne le pouvoir nécessaire pour abattre l'anarchie, combattre les factions et faire triompher à l'extérieur par la gloire, à l'intérieur par une impulsion vigoureuse, les intérêts généraux du pays ..

» Qu'est-ce, en effet, qu'un port créé, comme le vôtre, par de si gigantesques efforts, sinon l'éclatant témoignage de cette unité française poursuivie à travers tant de siècles et de révolutions, unité qui fait de nous une grande nation. Mais une grande nation, ne l'oublions pas, ne se maintient à la hauteur de ses destinées que lorsque les institutions elles-mêmes sont d'accord avec les exigences de la situation politique et de ses intérêts matériels. «

1850, 12 novembre. — Le Message de ce jour à l'Assemblée législative signale les faits importants qui suivent :

« L'impôt foncier a été réduit de 27 millions. Depuis le mois de juin 1849, les mises en liberté des transportés se sont accru de 2,400. Les fonds déposés aux caisses d'épargne depuis le 1er janvier 1849 excédaient les remboursements de 69 millions au 1er novembre 1850. Prise, en Algérie, de Zaatcha ; soumission de Boucada et celle des Némencha, qui assure à nos marchés un approvisionnement important. »

Puis, après avoir annoncé une nouvelle amélioration dans nos finances, le Prince dit dans son Message :

« Ces heureux changements nous auront permis, de 1849 à 1851, c'est-à-dire dans l'espace de trois années, malgré la réduction de plusieurs taxes importantes, de doter le pays de près de 260 millions de travaux publics, de soulager les dernières classes de patentables, de faire remise de 27 millions à l'agriculture, de solder ponctuellement toutes les dépenses des budgets en déficit, et d'arriver enfin, c'est notre vif désir et notre ferme espoir, à établir la balance entre les charges et les ressources annuelles de l'État. Ces résultats auront été obtenus sans exiger un recours extraordinaire au crédit et sans imposer au Trésor des avances exagérées... » Puis, plus loin :

« Pour entrer dans les vues de l'Assemblée, l'administration a entrepris et presque terminé la réorganisation de tous les arrondissements de perception. Ce grand travail, qui entraînera la suppression successive, par voie d'extinction, de 1,500 emplois, aura pour résultat une économie considérable... »

1851. 1er juin. — Inauguration du chemin de fer de Lyon, entre Tonnerre et Dijon. Dans un discours qu'adresse le Prince au maire de cette ville, on lit entre autres :

« Depuis trois ans, on a pu remarquer que j'ai toujours été secondé quand il s'est agi de combattre le désordre par des mesures de compression; mais lorsque j'ai voulu faire le bien, fonder le crédit foncier, prendre des mesures pour améliorer le sort des populations, je n'ai rencontré que l'inertie. . . . .

» Une nouvelle phase de notre ère politique commence. D'un bout de la France à l'autre des pétitions se signent pour demander la révision de la constitution. J'attends avec confiance les manifestations du pays et les décisions de l'Assemblée, qui ne seront inspirées que par la seule pensée du bien public. Si la France reconnaît qu'on n'a pas eu le droit de disposer d'elle sans elle, la France n'a qu'à le dire : mon courage et mon énergie ne lui manqueront pas. »

1851. 1er juillet. — Inauguration du chemin de fer de Tours à Poitiers. A son passage à Châtellerault, le Prince-Président dit entre autres au maire de cette ville :

« Mon mobile, c'est l'amour du pays; mon but, c'est de faire que la religion et la raison l'emportent sur les utopies, c'est que la bonne cause ne tremble plus devant l'erreur.

» Ce résultat sera obtenu, si nous suivons dans toute la France l'exemple de Châtellerault, et si nous forgeons des armes, non pour l'émeute et pour la guerre civile, mais pour accroître la force, la grandeur et l'indépendance de la nation. »

1851. 15 septembre. — A l'occasion de la cérémonie de la pose de la première pierre des nouvelles halles centrales, le Prince prononçait une allocution, où se font remarquer les passages suivants :

« Voici quarante ans que l'on songe à élever un vaste monument destiné à préserver de l'intempérie des saisons cette classe nombreuse qui souffre journellement pour alimenter Paris de ce qui est nécessaire à son existence. Mais, grâce à la direction éclairée du ministre de l'intérieur, grâce au concours énergique du conseil municipal de Paris et de son digne chef, grâce aux décisions de l'Assemblée nationale, cette œuvre que j'ai tant souhaitée s'accomplit enfin . . .

» En posant la première pierre d'un édifice dont la destination est si éminemment populaire, je me livre avec confiance à l'espoir qu'avec l'appui des bons citoyens et avec la protection du ciel, il nous sera donné de jeter dans le sol de la France quelques fondations sur lesquelles s'élèvera un édifice social assez solide pour offrir un abri contre la violence et la mobilité des passions humaines.

1851. 4 novembre. — Message du Président à l'Assemblée nationale. Nous en extrayons les passages ci-après :

« Une vaste conspiration démagogique s'organise en France et en Europe. Les sociétés secrètes cherchent à étendre leurs ramifications jusque dans les moindres communes ; tout ce que les partis renferment d'insensé, de violent, d'incorrigible, sans être d'accord sur les hommes ni sur les choses, s'est donné rendez-vous en 1852, non pour bâtir, mais pour renverser. . . . . . .

» Réunissons tous nos efforts afin d'enlever au génie du mal jusqu'à l'espoir d'une réussite momentanée.

» Le meilleur moyen d'y parvenir m'a toujours paru l'application de ce système qui consiste, d'un côté, à satisfaire largement les intérêts légitimes ; de l'autre, à étouffer, dès leur apparition, les moindres symptômes d'attaques contre la religion, la morale, la société.

» Ainsi, procurer du travail, en concédant à des Compagnies nos grandes lignes de chemin de fer, et, avec l'argent que l'Etat retirera de ces concessions, donner une vive impulsion aux autres travaux dans tous les départements ; encourager les institutions destinées au développement du crédit agricole ou commercial ; venir, par des établissements de bienfaisance, au secours de toutes les misères, telle a été et telle doit être encore notre première sollicitude ; et c'est en suivant cette marche qu'il sera plus facile de recourir à la répression lorsque le besoin s'en fera sentir. La paix et l'ordre ont surtout pour heureux effet d'améliorer la situation des classes laborieuses, et cette amélioration est attestée par les mouvements des fonds des caisses d'épargne. Les dépôts de cette nature ont augmenté, pendant l'année 1850 et pendant les six premiers mois de 1851, avec une rapidité telle, qu'à aucune époque on ne pourrait signaler un semblable accroissement. »

Dans le même Message, le Prince-Président, après avoir longuement démontré les graves inconvénients de la loi électorale du 31 mai, qui avait supprimé ou au moins très-restreint le suffrage universel, disait :

« Aujourd'hui, rétablir le suffrage universel, c'est enlever à la guerre civile son drapeau, à l'opposition son dernier argument. Ce sera fournir à la France la possibilité de se donner des institutions qui assurent son repos. Ce sera rendre aux pouvoirs à venir cette force morale qui n'existe qu'autant qu'elle repose sur un principe consacré et sur une autorité incontestable. »

1851. 25 novembre. — Distribution des récompenses décernées aux exposants français à l'Exposition universelle de Londres. Le Prince y prononce un discours, dont nous donnerons les extraits suivants :

« J'ai déjà rendu un juste hommage à la grande pensée qui présida à l'Exposition universelle de Londres; mais, au moment de couronner vos succès par une récompense nationale, puis-je oublier que tant de merveilles de l'industrie ont été commencées au bruit de l'émeute et achevées au milieu d'une société sans cesse agitée par la crainte du présent, comme par les menaces de l'avenir? Et, en réfléchissant aux obstacles qu'il vous a fallu vaincre, je me suis dit : combien elle serait grande, cette nation, si l'on voulait la laisser respirer à l'aise et vivre de sa vie!..... s'il lui était permis de vaquer à ses véritables affaires et de réformer ses institutions, au lieu d'être sans cesse troublée, d'un côté par les idées démagogiques, et de l'autre par les hallucinations monarchiques!

» Les idées démagogiques proclament-elles une vérité? Non. Elles répandent partout l'erreur et le mensonge. L'inquiétude les précède, la déception les suit, et les ressources employées à les réprimer sont autant de pertes pour les améliorations les plus pressantes, pour le soulagement de la misère. . . . .

» Vous tous, fils de cette société régénérée qui détruisit les anciens priviléges et qui proclama comme principe fondamental l'égalité civile et politique, vous éprouvez néanmoins un juste orgueil à être nommés chevaliers de l'ordre de la Légion d'honneur. C'est que cette institution était, ainsi que toutes celles créées à cette époque, en harmonie avec l'esprit du siècle et les idées du pays. Loin de servir comme d'autres à rendre les démarcations plus tranchées, elle les efface en plaçant sur la même ligne tous les mérites, à quelque profession, à quelque rang de la société qu'ils appartiennent.

» Recevez donc ces croix de la Légion d'honneur, qui, d'après la grande idée du fondateur, sont faites pour honorer le travail à l'égal de la bravoure, et la bravoure à l'égal de la science.

» Avant de nous séparer, Messieurs, permettez-moi de vous encourager à de nouveaux travaux. Entreprenez-les sans crainte; ils empêcheront le chômage cet hiver. Ne redoutez pas l'avenir. La tranquillité sera maintenue, quoi qu'il arrive. Un gouvernement qui s'appuie sur la masse entière de la nation; qui n'a d'autre mobile que le bien public et qu'anime cette foi ardente qui vous guide sûrement, même à travers un espace où il n'y a pas de route tracée, ce gouvernement, dis-je, saura remplir sa mission, car il a en lui et le droit qui vient du peuple, et la force qui vient de Dieu. »

1851. 2 décembre. — Appel au peuple par le Prince-Président :

« Français, la situation actuelle ne peut durer plus longtemps.

Chaque jour qui s'écoule aggrave les dangers du pays. L'assemblée, qui devrait être le plus ferme appui de l'ordre, est devenue un foyer de complots. Le patriotisme de trois cents de ses membres n'a pu arrêter ses fatales tendances. Au lieu de faire des lois dans l'intérêt général, elle forge des armes pour la guerre civile; elle attente au pouvoir que je tiens directement du peuple; elle encourage toutes les mauvaises passions; elle compromet le repos de la France : je l'ai dissoute, et je rends le peuple entier juge entre elle et moi. . , . .

» Si vous avez encore confiance en moi, donnez-moi les moyens d'accomplir la grande mission que je tiens de vous.

» Cette mission consiste à fermer l'ère des révolutions, en satisfaisant les besoins légitimes du peuple et en le protégeant contre les passions subversives. Elle consiste surtout à créer des institutions qui survivent aux hommes et qui soient des fondations sur lesquelles on puisse asseoir quelque chose de durable.

» Persuadé que l'instabilité du pouvoir, que la prépondérance d'une seule assemblée sont des causes permanentes de trouble et de discorde, je soumets à vos suffrages ces bases fondamentales d'une constitution que les assemblées développeront plus tard :

» 1° Un chef responsable nommé pour dix ans;

» 2° Des ministres dépendant du pouvoir exécutif seul;

» 3° Un conseil d'État, formé des hommes les plus distingués, préparant les lois et en soutenant la discussion devant le Corps législatif;

» 4° Un Corps législatif, discutant et votant les lois, nommé par le suffrage universel, sans scrutin de liste, qui fausse l'élection;

» 5° Une seconde assemblée, formée de toutes les illustrations du pays, pouvoir pondérateur, gardien du pacte fondamental et des libertés publiques. »

1851. 31 décembre. — Les membres de la Commission consultative présentent au Prince-Président le recensement général des votes émis sur le projet de plébiscite proposé le 2 décembre. — Le Prince prononce le discours suivant :

« Messieurs, la France a répondu à l'appel loyal que je lui avais fait; elle a compris que je n'étais sorti de la légalité que pour rentrer dans le droit. Plus de sept millions de suffrages viennent de m'absoudre, en justifiant un acte qui n'avait d'autre but que d'épargner à notre patrie et à l'Europe, peut-être, des années de trouble et de malheur.

» Je vous remercie d'avoir constaté officiellement combien cette manifestation était nationale et spontanée.

» Si je me félicite de cette immense adhésion, ce n'est pas par orgueil, mais parce qu'elle me donne la force de parler et d'agir ainsi qu'il convient au chef d'une grande nation comme la nôtre.

» Je comprends toute la grandeur de ma mission nouvelle; je ne m'abuse pas sur ses graves difficultés. Mais, avec un cœur droit, avec le concours de tous les hommes de bien qui, ainsi que vous, m'éclaireront de leurs lumières et me soutiendront de leur patriotisme; avec le dévouement éprouvé de notre vaillante armée, enfin avec cette protection que demain je prierai solennellement le ciel de m'accorder encore, j'espère me rendre digne de la confiance que le peuple continue de mettre en moi. J'espère assurer les destinées de la France, en fondant des institutions qui répondent à la fois, et aux instincts démocratiques de la nation, et à ce désir exprimé universellement d'avoir désormais un pouvoir fort et respecté. En effet, donner satisfaction aux exigences du moment en créant un système qui reconstitue l'autorité, sans blesser l'égalité, sans fermer aucune voie d'amélioration, c'est jeter les véritables bases du seul édifice capable de supporter plus tard une liberté sage et bienfaisante. »

1852. 14 janvier. — Le projet de plébiscite du 2 décembre 1551, rapporté plus haut et adopté par près de huit millions de suffrages, résume parfaitement la nouvelle constitution, dont nous extrairons du préambule, proclamation du Prince-Président au peuple français, les divers passages qui en expliquent et justifient les principales dispositions :

« Dans ce pays de centralisation, l'opinion publique a sans cesse tout rapporté au chef du gouvernement, le bien comme le mal. Aussi, écrire en tête d'une charte que ce chef est irresponsable, c'est mentir au sentiment public, c'est vouloir établir une fiction qui s'est trois fois évanouie au bruit des révolutions.

» La constitution actuelle proclame, au contraire, que le chef que vous avez élu est responsable devant vous; qu'il a toujours le droit de faire appel à votre jugement souverain, afin que, dans les circonstances solennelles, vous puissiez lui continuer ou lui retirer votre confiance.

» Étant responsable, il faut que son action soit libre et sans entraves. De là l'obligation d'avoir des ministres qui soient les auxiliaires honorés et puissants de sa pensée, mais qui ne forment plus un conseil responsable, composé de membres solidaires, obstacle journalier à l'impulsion particulière du chef de l'État, expression d'une politique émanée des Chambres, et par là même exposée à des changements fréquents qui empêchent tout esprit de suite, toute application d'un système régulier.

» Néanmoins, plus un homme est haut placé, plus il est indépendant, plus la confiance que le peuple a mise en lui est grande, plus il a besoin de conseils éclairés, consciencieux. De là la création d'un conseil d'État, désormais véritable conseil du Gouvernement, premier rouage de notre organisation nouvelle, réunion d'hommes pratiques élaborant des projets de loi dans des commissions spéciales, les discutant à huis-clos, sans ostentation oratoire, en assemblée générale, et les présentant ensuite à l'acceptation du Corps législatif. Ainsi, le pouvoir est libre dans ses mouvements, éclairé dans sa marche.

» Quel sera maintenant le contrôle exercé dans les assemblées? Une chambre qui prend le titre de Corps législatif, vote les lois et l'impôt. Elle est élue par le suffrage universel, sans scrutin de liste. Le peuple, choisissant isolément chaque candidat, peut plus facilement apprécier le mérite de chacun d'eux. — La chambre n'est plus composée que d'environ deux cent soixante membres. C'est là une première garantie du calme des délibérations, car trop souvent on a vu dans les assemblées la mobilité et l'ardeur des passions croître en raison du nombre. — Le compte rendu des séances, qui doit instruire la nation, n'est plus livré, comme autrefois, à l'esprit de parti de chaque journal ; une publication officielle, rédigée par les soins du président de la Chambre, en est seule permise. — Le Corps législatif discute librement la loi, l'adopte ou la repousse, mais il n'y introduit pas à l'improviste de ces amendements qui dérangent souvent toute l'économie d'un système et l'ensemble du projet primitif. A plus forte raison, n'a-t-il pas cette initiative parlementaire qui était la source de si graves abus, et qui permettait à chaque député de se substituer à tout propos au gouvernement, en présentant les projets les moins étudiés, les moins approfondis. — La chambre n'étant plus en présence des ministres et les projets de loi étant soutenus par les orateurs du Conseil d'État, le temps ne se perd pas en vaines interpellations, en accusations frivoles, en luttes passionnées, dont l'unique but était de renverser les Ministres pour les remplacer. — Ainsi donc, les délibérations du Corps législatif seront indépendantes ; mais les causes d'agitations stériles auront été supprimées, et des lenteurs salutaires apportées à toute modification de la loi. Les mandataires de la nation feront mûrement les choses sérieuses.

» Une autre assemblée prend le nom de Sénat. Elle sera composée des éléments qui, dans tous pays, créent les influences légitimes : le nom illustre, la fortune, le talent et les services rendus. Le Sénat n'est plus, comme la Chambre des pairs, le pâle reflet de la Chambre des députés, répétant à quelques jours d'intervalle les mêmes discussions sur un autre ton. Il est le dépositaire du pacte fondamental et des libertés compatibles avec la constitution ; et c'est uniquement sous le rapport des grands principes sur lesquels repose notre société, qu'il examine toutes les lois et qu'il en propose de nouvelles au pouvoir exécutif. Il intervient, soit pour résoudre toute difficulté grave qui pourrait s'élever pendant l'absence du Corps législatif, soit pour expliquer le texte de la constitution et assurer ce qui est nécessaire à sa marche. Il a le droit d'annuler tout acte arbitraire et illégal, et jouissant ainsi de cette considération qui s'attache à un corps exclusivement occupé de l'examen de grands intérêts ou de l'application de grands principes, il remplit dans l'État le rôle indépendant, salutaire, conservateur, des anciens parlements » . . .

1852. 21 mars. — Distribution de la nouvelle médaille militaire. A cette occasion, le Prince-Président adresse aux sous-officiers et soldats une allocution où l'on remarque entre autres :

« Quand on est témoin, comme moi, de tout ce qu'il y a de dévouement, d'abnégation et de patriotisme dans les rangs de l'armée, on déplore souvent que le gouvernement ait si peu de moyens de reconnaître de si grandes épreuves et de si grands services.

» L'admirable institution de la Légion d'honneur perdrait de son prestige, si elle n'était renfermée dans de certaines limites. Cependant combien de fois ai-je regretté de voir des soldats et des sous-officiers rentrer dans leurs foyers sans récompense, quoique par la durée de leur service, par des blessures, par des actions dignes d'éloges, ils eussent mérité un témoignage de satisfaction de la patrie ! C'est pour le leur accorder que j'ai institué cette médaille.

» Elle leur assurera cent francs de rente viagère ; c'est peu certainement, mais ce qui est beaucoup, c'est le ruban que vous porterez sur la poitrine, et qui dira à vos camarades, à vos familles, à vos concitoyens, que celui qui le porte est un brave.

» Cette médaille ne vous empêchera pas de prétendre à la croix de la Légion d'honneur, si vous en êtes jugés dignes ; au contraire, elle sera comme un premier degré pour l'obtenir, puisqu'elle vous signalera d'avance à l'attention de vos chefs. . . . . »

1852. 29 mars. — Ouverture de la session du Sénat et du Corps législatif. Dans le discours du Prince-Président, on remarque ce passage :

« Résolu, aujourd'hui comme avant, de faire tout pour la France, rien pour moi, je n'accepterais de modification à l'état présent des choses, que si j'y étais contraint par une nécessité évidente. D'où peut-elle naître ? Uniquement de la conduite des partis. S'ils se résignent, rien ne sera changé. Mais si, par leurs sourdes menées, ils cherchaient à saper les bases de mon Gouvernement ; si, dans leur aveuglement, ils niaient la légitimité du résultat de l'élection populaire ; si enfin, ils venaient sans cesse, par leurs attaques, mettre en question l'avenir du pays, alors, mais seulement alors, il pourrait être raisonnable de demander au peuple, au nom du repos de la France, un nouveau titre qui fixât irrévocablement sur ma tête le pouvoir dont il m'a revêtu...»

1852. 10 mai. — Distribution à l'armée des drapeaux, avec rétablissement de l'aigle impériale. Le discours du Prince se termine ainsi :

« Soldats, reprenez donc ces aigles, non comme une menace contre les étrangers, mais comme le symbole de notre indépendance, comme le souvenir d'une époque héroïque, comme le signe de noblesse de chaque régiment.

» Reprenez ces aigles, qui ont si souvent conduit nos pères à la victoire, et jurez de mourir, s'il le faut, pour les défendre. »

1852. 28 juin. — Message du Prince au Corps législatif. On y lit :

« En retournant dans vos départements, soyez les échos fidèles du sentiment qui règne ici : la confiance dans la conciliation et la paix. Dites à vos commettants qu'à Paris, ce cœur de la France, ce centre révolutionnaire, qui répand tour à tour sur le monde la lumière ou l'incendie, vous avez vu un peuple immense s'appliquant à faire disparaître les traces des révolutions et se livrant avec joie au travail, avec sécurité à l'avenir. Lui qui naguère, dans son délire, était impatient de tout frein, vous l'avez vu saluer avec acclamation le retour de nos aigles, symbole d'autorité et de gloire.

» A ce spectacle imposant, où la religion consacrait par ses bénédictions une grande fête nationale, vous avez remarqué son attitude respectueuse. Vous avez vu cette armée si fière, qui a sauvé le pays, se relever encore dans l'estime des hommes en s'agenouillant avec recueillement devant l'image de Dieu, présente au haut de l'autel. Cela veut dire qu'il y a en France un gouvernement animé de la foi et de l'amour du bien, qui repose sur le peuple, source de tout pouvoir; sur l'armée, source de toute force ; sur la religion, source de toute justice. »

1852. 1ᵉʳ juillet. — Allocution aux officiers de cinq régiments destinés à faire partie de la garnison de Paris. Elle se termine ainsi :

« Dans toute position élevée, comme celle où je me trouve, les soucis l'emportent sur les contentements. Il y a, néanmoins, au milieu des préoccupations et des travaux incessants, de véritables compensations : la première est celle du devoir accompli; l'une des plus douces ensuite est, selon moi, de commander à une armée comme la nôtre; de vivre de son passé, de son présent, de son avenir; de s'identifier à ses besoins et à ses intérêts; de savoir enfin qu'au jour du danger, on pourra toujours compter sur son concours énergique, parce qu'elle a l'honneur pour mobile !..»

1852. 20 septembre. — Inauguration de la statue de Napoléon Iᵉʳ à

Lyon. Le Prince y prononce un discours dont nous extrayons ces passages :

« L'Empereur fut le médiateur entre deux siècles ennemis ; il tua l'ancien régime, en rétablissant tout ce que ce régime avait de bon ; il tua l'esprit révolutionnaire, en faisant triompher partout les bienfaits de la révolution : voilà pourquoi ceux qui l'ont renversé eurent bientôt à déplorer leur triomphe. Quant à ceux qui l'ont défendu, ai-je besoin de rappeler combien ils ont pleuré sa chute?

» Aussi, dès que le peuple s'est vu libre de son choix, il a jeté les yeux sur l'héritier de Napoléon, et, par la même raison, depuis Paris jusqu'à Lyon, sur tous les points de mon passage s'est élevé le cri unanime de : *Vive l'Empereur !* Mais ce cri est bien plus, à mes yeux, un souvenir qui touche mon cœur, qu'un espoir qui flatte mon orgueil.

» Fidèle serviteur de la France, je n'aurai jamais qu'un but, c'est de reconstituer dans ce grand pays, si bouleversé par tant de commotions et par tant d'utopies, une paix basée sur la conciliation pour les hommes, sur l'inflexibilité des principes d'autorité, de morale, d'amour pour les classes laborieuses et souffrantes, de dignité nationale.

» Nous sortons à peine de ces moments de crise où, les notions du bien et du mal étant confondues, les meilleurs esprits se sont pervertis. La prudence et le patriotisme exigent que, dans de semblables moments, la nation se recueille avant de fixer ses destinées ; et il est encore pour moi difficile de savoir sous quel nom je puis rendre les plus grands services.

» Si le titre modeste de Président pouvait faciliter la mission qui m'était confiée, et devant laquelle je n'ai pas reculé, ce n'est pas moi qui, par intérêt personnel, désirerais changer ce titre contre celui d'Empereur . . . »

1852. 9 octobre. — Discours de Bordeaux :

« Le but de ce voyage, vous le savez, était de connaître par moi-même nos belles provinces du Midi, d'approfondir leurs besoins. Il a, toutefois, donné lieu à un résultat beaucoup plus important.

» En effet, je le dis avec une franchise aussi éloignée de l'orgueil que d'une fausse modestie, jamais peuple n'a témoigné d'une manière plus directe, plus spontanée, plus unanime, la volonté de s'affranchir des préoccupations de l'avenir ; en consolidant dans la même main un pouvoir qui lui est sympathique. C'est qu'il connaît, à cette heure, et les trompeuses espérances dont on le berçait et les dangers dont il était menacé. Il sait qu'en 1852 la société courait à sa perte, parce que chaque parti se consolait d'avance du naufrage général par l'espoir de planter son drapeau sur les débris qui pourraient surnager. Il me sait gré d'avoir sauvé le vaisseau en arborant seulement le drapeau de la France. Désabusé d'absurdes théories, le peuple a acquis la conviction que les réformateurs prétendus n'étaient que des rêveurs; car il y avait toujours inconséquence, disproportion entre leurs moyens et les résultats promis.

» Aujourd'hui, la France m'entoure de ses sympathies, parce que je ne suis pas de la famille des idéologues. Pour faire le bien du pays, il n'est pas besoin d'appliquer de nouveaux systèmes; mais de donner, avant tout, confiance dans le présent, sécurité dans l'avenir. Voilà pourquoi la France semble vouloir revenir à l'Empire.

» Il est néanmoins une crainte à laquelle je dois répondre. Par esprit de défiance, certaines personnes se disent : l'Empire, c'est la guerre. Moi je dis : l'Empire, c'est la paix.

» C'est la paix, car la France le désire, et lorsque la France est satisfaite, le monde est tranquille. La gloire se lègue bien à titre d'héritage, mais non la guerre. Est-ce que les princes qui s'honoraient justement d'être les petits-fils de Louis XIV ont recommencé ses luttes? La guerre ne se fait pas par plaisir, elle se fait par nécessité; et, à ces époques de transition, où partout, à côté de tant d'éléments de prospérité, germent tant de causes de mort, on peut dire avec vérité : Malheur à celui qui, le premier, donnerait en Europe le signal d'une collision, dont les conséquences seraient incalculables!

» J'en conviens, cependant, j'ai, comme l'Empereur, bien des conquêtes à faire. Je veux, comme lui, conquérir à la conciliation les partis dissidents et ramener dans le courant du grand fleuve populaire les dérivations hostiles qui vont se perdre sans profit pour personne. Je veux conquérir à la religion, à la morale, à l'aisance, cette partie encore si nombreuse de la population qui, au milieu d'un pays de foi et de croyance, connaît à peine les préceptes du Christ; qui, au sein de la terre la plus fertile du monde, peut à peine jouir de ses produits de première nécessité.

» Nous avons d'immenses territoires incultes à défricher, des routes à ouvrir, des ports à creuser, des rivières à rendre navigables, des canaux à terminer, notre réseau de chemins de fer à compléter. Nous avons, en face de Marseille, un vaste royaume à assimiler à la France. Nous avons tous nos grands ports de l'Ouest à rapprocher du continent américain par la rapidité de ces communications qui nous manquent encore. Nous avons partout, enfin, des ruines à relever, de faux dieux à abattre, des vérités à faire triompher.

» Voilà comment je comprendrais l'Empire, si l'Empire doit se rétablir. Telles sont les conquêtes que je médite. . . . »

1852. 16 octobre. — Rentrée à Paris du Prince-Président, qui répond ainsi aux vœux exprimés par le préfet de la Seine pour le rétablissement de l'Empire :

« Je suis d'autant plus heureux des vœux que vous m'exprimez au nom de la ville de Paris, que les acclamations qui me reçoivent ici sont la continuation de celles dont j'ai été l'objet pendant mon voyage.

» Si la France veut l'Empire, c'est qu'elle pense que cette forme de gouvernement garantit mieux sa grandeur et son avenir.

» Quant à moi, sous quelque titre qu'il me soit donné de la servir, je lui consacrerai tout ce que j'ai de force, tout ce que j'ai de dévouement. »

1852. 4 novembre. — Message du Prince-Président au Sénat, relatif au rétablissement de l'Empire :

« La nation vient de manifester hautement sa volonté de rétablir l'Empire. Confiant dans votre patriotisme et vos lumières, je vous ai convoqués pour délibérer légalement sur cette grave question et vous remettre le soin de régler le nouvel ordre de choses. Si vous l'adoptez, vous penserez sans doute, comme moi, que la constitution de 1852 doit être maintenue, et alors les modifications reconnues indispensables ne toucheront en rien aux bases fondamentales,

» Le changement qui se prépare portera principalement sur la forme ; et cependant reprendre le symbole impérial est pour la France d'une immense signification. En effet, dans le rétablissement de l'Empire, le peuple trouve une garantie à ses intérêts et une satisfaction à son juste orgueil : ce rétablissement garantit ses intérêts en assurant l'avenir, en fermant l'ère des révolutions, en consacrant encore les conquêtes de 89. Il satisfait son juste orgueil, parce que, relevant avec liberté et avec réflexion ce qu'il y a trente-sept ans l'Europe entière avait renversé par la force des armes, au milieu des désastres de la patrie, le peuple venge noblement ses revers sans faire de victimes, sans menacer aucune indépendance, sans troubler la paix du monde.

» Je ne me dissimule pas, néanmoins, tout ce qu'il y a de redoutable à accepter aujourd'hui et à mettre sur sa tête la couronne de Napoléon ; mais mes appréhensions diminuent par la pensée que, représentant à tant de titres la cause du peuple et la volonté nationale, ce sera la nation qui, en m'élevant au trône, se couronnera elle-même. »

1852, 25 novembre. — Message au Corps législatif, relatif au rétablissement de l'Empire.

« Messieurs les députés, je vous ai rappelés de vos départements pour vous associer au grand acte qui va s'accomplir. Quoique le Sénat et le peuple aient seuls le droit de modifier la constitution, j'ai voulu que le corps politique issu comme moi du suffrage universel vînt attester au monde la spontanéité du mouvement national qui me porte à l'Empire. Je tiens à ce que ce soit vous qui, en constatant la liberté du vote et le nombre des suffrages, fassiez sortir de votre déclaration toute la légitimité de mon pouvoir. Aujourd'hui, en effet, déclarer que l'autorité repose sur un droit incontestable, c'est lui donner la force nécessaire pour fonder quelque chose de durable et assurer la prospérité du pays. . . . »

1852, 1er décembre. — Proclamation de l'Empire. Sa Majesté prononce un discours, dont voici les principaux passages :

« Le nouveau règne que vous inaugurez aujourd'hui n'a pas pour origine, comme tant d'autres dans l'histoire, la violence, la conquête ou la ruse. Il est, vous venez de le déclarer, le résultat légal de la volonté de tout un peuple qui consolide, au milieu du calme, ce qu'il avait fondé au sein des agitations. Je suis pénétré de reconnaissance envers la nation qui, trois fois en quatre années, m'a soutenu de ses suffrages, et chaque fois n'a augmenté sa majorité que pour accroître mon pouvoir. . . . . . .

» Je prends dès aujourd'hui, avec la couronne, le nom de Napoléon III, parce que la logique du peuple me l'a déjà donné dans ses acclamations, parce que le Sénat l'a proposé légalement, et parce que la nation entière l'a ratifié. . . . .

» Il ne m'était pas permis de passer sous silence le règne glorieux du chef de ma famille, et le titre régulier, quoique éphémère, de son fils, que les Chambres proclamèrent dans le dernier élan du patriotisme vaincu. Ainsi donc, le titre de Napoléon III n'est pas une de ces prétentions dynastiques et surannées qui semblent une insulte au bon sens et à la vérité ; c'est l'hommage rendu à un gouvernement qui fut légitime, et auquel nous devons les plus belles pages de notre histoire moderne. Mon règne ne date pas de 1815, il date de ce moment même où vous venez me faire connaître les suffrages de la nation. . . . .

» Aidez-moi tous à asseoir sur cette terre, bouleversée par tant de révolutions, un gouvernement stable, qui ait pour bases la religion, la justice, la probité, l'amour des classes souffrantes.

» Recevez ici le serment que rien ne me coûtera pour assurer la prospérité de la patrie, et que, tout en maintenant la paix, je ne céderai rien de tout ce qui touche à l'honneur et à la dignité de la France. »

1853, 22 janvier. — Communication au Sénat, au Corps législatif et au Conseil d'État, relative au mariage de l'Empereur. Nous en présentons les extraits qui suivent :

« Celle qui est devenue l'objet de ma préférence est d'une naissance élevée. Française par le cœur, par l'éducation, par le souvenir du sang que versa son père pour la cause de l'Empire, elle a, comme Espagnole, l'avantage de n'avoir pas en France de famille à laquelle il faille donner honneurs et dignités. Douée de toutes les qualités de l'âme, elle sera l'ornement du trône, comme, au jour du danger, elle deviendrait un de ses courageux appuis. Catholique et pieuse, elle adressera au ciel les mêmes prières que moi pour le bonheur de la France ; gracieuse et bonne, elle fera revivre, dans la même position, j'en ai le ferme espoir, les vertus de l'Impératrice Joséphine.

» Je viens donc, Messieurs, dire à la France : J'ai préféré une femme que j'aime et que je respecte, à une femme inconnue dont l'alliance eût eu des avantages mêlés de sacrifices. Sans témoigner de dédain pour personne, je cède à mon penchant, mais après avoir consulté ma raison et mes convictions. Enfin, en plaçant l'indépendance, les qualités du cœur, le bonheur de famille au-dessus des préjugés dynastiques et des calculs de l'ambition, je ne serai pas moins fort puisque je serai plus libre. . . . . . . »

1853, 14 février. — Discours d'ouverture de la session par S. M. l'Empereur. On y lit entre autres :

« Il y a un an, je vous réunissais dans cette enceinte pour inaugurer la constitution, promulguée en vertu des pouvoirs que le peuple m'avait conférés ; depuis cette époque, le calme n'a pas été troublé ; la loi, en reprenant son empire, a permis de rendre à leurs foyers la plupart des hommes frappés par une rigueur nécessaire. La richesse nationale s'est élevée à un tel point que la partie de la fortune mobilière, dont on peut chaque jour apprécier la valeur, s'est accrue à elle seule de deux milliards environ.

» L'activité du travail s'est développée dans toutes les industries ; les mêmes progrès se réalisent en Afrique, où notre armée vient de se distinguer par des succès héroïques. La forme du gouvernement s'est modifiée légalement et sans secousse, par le libre suffrage du peuple. De grands travaux ont été entrepris sans la création d'aucun impôt et sans emprunt. La paix a été maintenue sans faiblesse. Toutes les puissances ont reconnu le nouveau gouvernement. La France a aujourd'hui des institutions qui peuvent se défendre d'elles-mêmes, et dont la stabilité ne dépend pas de la vie d'un homme.

» Ces résultats n'ont pas coûté de grands efforts, parce qu'ils étaient dans l'esprit et dans les intérêts de tous. A ceux qui méconnaîtraient leur importance, je répondrais qu'il y a quatorze mois à peine, le pays était livré aux hasards de l'anarchie. . . . .

» Vous verrez, Messieurs, par le budget qui vous sera présenté, que notre position financière n'a jamais été meilleure depuis vingt années, et que les revenus publics ont augmenté au delà de toutes les prévisions. . . »

1854. 2 mars. — Discours d'ouverture de la session par S. M. :

« Nous avons vu, en Orient, au milieu d'une paix profonde, un souverain exiger tout à coup de son voisin plus faible, des avantages nouveaux, et, parce qu'il ne les obtenait pas, envahir deux de ses provinces. Seul, ce fait devait mettre les armes aux mains de ceux que l'iniquité révolte. Mais nous avions aussi d'autres raisons d'appuyer la Turquie. La France a autant et peut-être plus d'intérêt que l'Angleterre à ce que l'influence de la Russie ne s'étende pas indéfiniment sur Constantinople ; car régner sur Constantinople, c'est régner sur la Méditerranée, et personne de vous, Messieurs, je le pense, ne dira que l'Angleterre seule a de grands intérêts dans cette mer, qui baigne trois cents lieues de nos côtes. D'ailleurs, cette politique ne date pas d'hier ; depuis des siècles, tout gouvernement national, en France, l'a soutenue ; je ne la déserterai pas.

» Qu'on ne vienne donc plus nous dire : qu'allez-vous faire à Constantinople ? Nous y allons avec l'Angleterre pour défendre la cause du Sultan, et néanmoins pour protéger les droits des chrétiens ; nous y allons pour défendre la liberté des mers et notre juste influence dans la Méditerranée. Nous y allons avec l'Allemagne pour l'aider à conserver le rang dont on semblait vouloir la faire descendre, pour assurer ses frontières contre la prépondérance d'un voisin trop puissant. Nous y allons enfin avec tous ceux qui veulent le triomphe du bon droit, de la justice et de la civilisation. »

1854. 26 décembre. — Discours d'ouverture de la session de 1855 par S. M. l'Empereur :

« Depuis votre dernière réunion, de grands faits se sont accomplis. L'appel que j'ai adressé au pays pour couvrir les frais de la guerre a été si bien entendu, que le résultat a même dépassé mes espérances. Nos armes ont été victorieuses dans la Baltique comme dans la Mer Noire. Deux grandes batailles ont illustré notre drapeau. Un éclatant témoignage est venu prouver l'intimité de nos rapports avec l'Angleterre ; le Parlement a voté des félicitations à nos généraux et à nos soldats. . . . .

» L'armée d'Orient a, jusqu'à ce jour, tout souffert et tout surmonté. L'épidémie, l'incendie, la tempête, les privations, une place sans cesse ravitaillée, défendue par une artillerie formidable de terre et de mer, deux armées ennemies supérieures en nombre, rien n'a pu affaiblir son courage ni arrêter son élan. Chacun a noblement fait son devoir, depuis le maréchal qui a semblé forcer la mort à attendre qu'il eût vaincu, jusqu'au soldat et au matelot, dont le dernier cri en expirant était un vœu pour la France, une acclamation pour l'élu du pays. Déclarons-le donc ensemble, l'armée et la flotte ont bien mérité de la patrie.....

» Mes efforts ont eu pour but de mettre les dépenses au niveau des recettes, et le budget ordinaire vous sera présenté en équilibre ; les ressources de l'emprunt seules feront face aux besoins de la guerre.

» Vous verrez avec plaisir que nos revenus n'ont pas diminué. L'activité industrielle se soutient ; tous les grands travaux d'utilité publique se continuent, et la Providence a bien voulu nous donner une récolte qui satisfait à nos besoins. . . . .

» La lutte qui se poursuit, circonscrite par la modération et la justice, tout en faisant palpiter les cœurs, effraie si peu les intérêts, que bientôt des diverses parties du globe se réuniront ici tous les produits de la paix. Les étrangers ne pourront manquer d'être frappés du saisissant spectacle d'un pays qui, comptant sur la protection divine, soutient avec énergie une guerre à six cents lieues de ses frontières, et qui développe avec la même ardeur ses richesses intérieures ; un pays où la guerre n'empêche pas l'agriculture et l'industrie de prospérer, les arts de fleurir, et où le génie de la nation se révèle dans tout ce qui peut faire la gloire de la France. »

1855. 9 janvier. — Départ de la garde impériale pour l'armée d'Orient. Allocution de l'Empereur :

« Soldats, le peuple français, par sa souveraine volonté, a ressuscité bien des choses qu'on croyait mortes à jamais, et aujourd'hui l'Empire est reconstitué. D'intimes alliances existent avec nos anciens ennemis. Le drapeau de la France flotte avec honneur sur ces rives lointaines, où le vol audacieux de nos aigles n'était pas encore parvenu. La garde impériale, représentation héroïque de la gloire et de l'honneur militaires, est ici devant moi, entourant l'Empereur, ainsi qu'autrefois, portant le même uniforme, le même drapeau, et ayant surtout dans le cœur les mêmes sentiments de dévouement à la patrie. Recevez donc ces drapeaux, qui vous conduiront à la victoire comme ils y ont conduit vos pères, comme ils viennent d'y conduire vos camarades. Allez prendre votre part de ce qui reste encore de dangers à surmonter et de gloire à recueillir. Bientôt vous aurez reçu le noble baptême que vous ambitionnez, et vous aurez concouru à planter nos aigles sur les murs de Sébastopol. »

1855. 20 mars. — Allocution de Sa Majesté, à l'occasion de la remise des drapeaux à la garde impériale :

« Soldats, l'armée est la véritable noblesse de notre pays ; elle conserve intactes d'âge en âge les traditions de gloire et d'honneur national : aussi votre arbre généalogique (*en montrant les drapeaux*) le voici ! Il marque à chaque génération une nouvelle victoire. Prenez donc ces drapeaux. Je les confie à votre honneur, à votre courage, à votre patriotisme. »

1855. 19 avril. — Voyage de LL. MM. en Angleterre. L'Empereur répond en ces termes au Lord Maire de Londres :

« Milord, après l'accueil cordial que j'ai reçu de la Reine, rien ne pouvait me toucher davantage que les sentiments que vous venez, au nom de la cité de Londres, d'exprimer à l'Impératrice et à moi ; car la cité de Londres représente tout ce qu'il y a de ressources, pour la civilisation comme pour la guerre, dans un commerce qui embrasse l'univers. Quelque flatteurs que soient vos éloges, je les accepte, parce qu'ils s'adressent bien plus à la France qu'à moi-même ; ils s'adressent à la nation dont les intérêts aujourd'hui sont partout confondus avec les vôtres ; ils s'adressent à l'armée et à la marine, unies aux vôtres par une si héroïque communauté de périls et de gloire ; ils s'adressent à cette politique des deux gouvernements, qui s'appuie sur la vérité, sur la modération, sur la justice.

» Quant à moi, j'ai conservé sur le trône pour le peuple anglais les sentiments d'estime et de sympathie que je professais dans l'exil, lorsque je jouissais ici de l'hospitalité de la Reine ; et si j'ai conformé ma conduite à ma conviction, c'est que l'intérêt de la nation qui m'avait élu, comme celui de la civilisation tout entière, m'en faisait un devoir.

» En effet, l'Angleterre et la France se trouvent naturellement d'accord sur les grandes questions de politique ou d'humanité qui agitent le monde. Depuis les rivages de l'Atlantique jusqu'à ceux de la Méditerranée, depuis la Baltique jusqu'à la mer Noire, depuis l'abolition de l'esclavage jusqu'aux vœux pour l'amélioration du sort des contrées de l'Europe, je ne vois dans le monde moral comme dans le monde politique, pour nos deux nations, qu'une même route à suivre, qu'un même but à atteindre. Il n'y a donc que des intérêts secondaires ou des rivalités mesquines qui pourraient les diviser. Le bon sens à lui seul nous répond de l'avenir.

» Vous avez raison de croire que ma présence parmi vous atteste encore mon énergique concours pour la guerre, si nous ne parvenons pas à obtenir une paix honorable ; et dans ce cas, malgré des difficultés sans nombre, nous devons compter sur le succès ;

car non-seulement nos soldats et nos marins sont d'une valeur éprouvée, non-seulement nos deux pays possèdent d'incomparables ressources, mais surtout, et c'est là leur immense avantage, ils sont à la tête de toutes les idées généreuses. Les regards de ceux qui souffrent se tournent toujours instinctivement vers l'Occident. Aussi nos deux nations sont encore plus fortes par les idées qu'elles représentent que par les bataillons et par les vaisseaux dont elles disposent. » . . .

1856. 3 mars. — Nous extrayons du discours de S. M., à l'ouverture de la session, les paragraphes ci-après :

« Un grand fait d'armes est venu décider en faveur des armées alliées une lutte acharnée, sans exemple dans l'histoire. L'opinion de l'Europe, depuis ce moment, s'est plus ouvertement prononcée. Partout nos alliances se sont étendues et affermies. Le troisième emprunt a été couvert sans difficultés. Le pays m'a prouvé de nouveau sa confiance en souscrivant pour une somme cinq fois plus forte que celle que je demandais (1). Il a supporté avec une admirable résignation les souffrances inséparables de la cherté des vivres, souffrances allégées néanmoins par la charité privée, par le zèle des municipalités et par les 10 millions distribués aux départements. . . .

» A ce court exposé de la situation viennent se joindre des faits d'une haute signification politique.

» La Reine de la Grande-Bretagne voulant donner une preuve de sa confiance, de son estime pour notre pays, et rendre nos relations plus intimes, est venue en France. L'accueil enthousiaste qu'elle y a reçu a dû lui prouver combien les sentiments inspirés par sa présence étaient profonds et de nature à fortifier l'alliance des deux peuples.

» Le Roi du Piémont, qui, sans regarder derrière lui, avait embrassé notre cause avec cet élan courageux qu'il avait déjà montré sur le champ de bataille, est venu aussi en France consacrer une union déjà cimentée par la bravoure de ses soldats.

» Ces souverains ont pu voir un pays naguère si agité et déshérité de son rang dans les conseils de l'Europe, aujourd'hui prospère, paisible et respecté, faisant la guerre, non pas avec le délire momentané de la passion, mais avec le calme de la justice et l'énergie du devoir. Ils ont vu la France, qui envoyait deux cent mille hommes à travers les mers, convoquer en même temps à Paris tous les arts de la paix, comme si elle eût voulu dire à l'Europe : « La guerre actuelle n'est encore pour moi qu'un épisode ; mes idées et mes forces sont en partie toujours dirigées

(1) « Il avait offert, il y a quelques mois, un milliard 700 millions de plus que je ne lui demandais. » (Message de l'Empereur du 2 juillet 1855)

vers les arts de la paix. Ne négligeons rien pour nous entendre, et ne me forcez pas à jeter sur les champs de bataille toutes les ressources et toute l'énergie d'une grande nation.

» Cet appel semble avoir été entendu, et l'hiver, en suspendant les hostilités, a favorisé l'intervention de la diplomatie. L'Autriche se résolut à une démarche décisive, qui apportait dans les délibérations toute l'influence du souverain d'un vaste empire. La Suède se lia plus étroitement à l'Angleterre et à la France par un traité qui garantissait l'intégrité de son territoire. Enfin, de tous les cabinets arrivèrent à Saint-Pétersbourg des conseils ou des prières. L'Empereur de Russie, héritier d'une situation qu'il n'avait pas faite, sembla animé d'un sincère désir de mettre fin aux causes qui avaient amené ce sanglant conflit. Il accepta avec détermination les propositions transmises par l'Autriche. L'honneur des armes une fois satisfait, c'était s'honorer aussi que de déférer au vœu nettement formulé de l'Europe.

» Aujourd'hui, les plénipotentiaires des puissances belligérantes et alliées sont réunis à Paris pour décider des conditions de la paix. L'esprit de modération ou d'équité qui les anime tous doit nous faire espérer un résultat favorable ; néanmoins, attendons avec dignité la fin des conférences, et soyons également prêts, s'il le faut, soit à tirer de nouveau l'épée, soit à tendre la main à ceux que nous avons loyalement combattus. »

1856. 18 mars. — A l'occasion de la naissance du Prince Impérial, né le 16 mars, les plénipotentiaires au Congrès de Paris, ayant adressé leurs félicitations à l'Empereur, S. M. a répondu :

« Je remercie le Congrès des vœux et des félicitations qu'il m'adresse par votre organe.

» Je suis heureux que la Providence m'ait envoyé un fils au moment où une ère de réconciliation générale s'annonce pour l'Europe. Je l'élèverai dans ce sentiment que les peuples ne doivent pas être égoïstes, et que le repos de l'Europe dépend de la prospérité de chaque nation. »

— Aux félicitations adressées par le Sénat, à la même occasion, S. M. a répondu :

« Monsieur le Président du Sénat, le Sénat a partagé ma joie en apprenant que le Ciel m'avait donné un fils, et vous avez salué comme un événement heureux la venue au monde d'un *Enfant de France*. C'est avec intention que je me sers de ce mot. En effet, l'Empereur Napoléon, mon oncle, qui avait appliqué au nouveau système créé par la révolution tout ce que l'ancien régime avait de grand et d'élevé, avait repris cette ancienne dénomination des Enfants de France. C'est qu'en effet, Messieurs, lorsqu'il naît un héritier destiné à perpétuer un système national, cet enfant n'est pas seulement le rejeton d'une famille, mais il est véritablement encore le fils du pays tout entier; et ce nom lui indique ses devoirs. Si cela était vrai sous l'ancienne monarchie, qui représentait plus exclusivement les classes privilégiées, combien à plus forte raison, aujourd'hui que le souverain est l'élu de la nation, le premier citoyen du pays est le représentant des intérêts de tous. . . »

Sa Majesté a répondu à la députation du Corps législatif, à l'occasion du même événement :

« Monsieur le Président du Corps législatif, j'ai été bien touché de la manifestation de vos sentiments à la naissance du fils que la Providence a bien voulu m'accorder. Vous avez salué en lui l'espoir, dont on aime à se bercer, de la perpétuité d'un système qu'on regarde comme la plus sûre garantie des intérêts généraux du pays; mais les acclamations unanimes qui entourent son berceau ne m'empêchent pas de réfléchir sur la destinée de ceux qui sont nés et dans le même lieu et dans des circonstances analogues. Si j'espère que son sort sera plus heureux, c'est que d'abord, confiant dans la Providence, je ne puis douter de sa protection en la voyant relever, par un concours de circonstances extraordinaires, tout ce qu'il lui avait plu d'abattre il y a quarante ans, comme si elle avait voulu vieillir, par le martyre et par le malheur, une nouvelle dynastie sortie des rangs du peuple. Ensuite, l'histoire a des enseignements que je n'oublierai pas. Elle me dit, d'une part, qu'il ne faut jamais abuser des faveurs de la fortune; d'une autre, qu'une dynastie n'a de chance de stabilité que si elle reste fidèle à son origine, en s'occupant uniquement des intérêts populaires pour lesquels elle a été créée.» ...

1856. 12 avril. — Banquet donné par l'Empereur aux membres du congrès de Paris. Sa Majesté y a prononcé les paroles suivantes :

« Je porte un toast à l'union heureusement rétablie entre les Souverains. Puisse-t-elle être durable, et elle le sera si elle repose toujours sur le droit, sur la justice, sur les véritables et légitimes intérêts des peuples! »

1857. 16 février. — Discours de Sa Majesté à l'ouverture de la session. Nous en reproduisons ici les principaux paragraphes :

« La paix a été signée, et les difficultés de détail qu'entraînait l'exécution du traité de Paris ont fini par être heureusement surmontées.

» Le conflit engagé entre le roi de Prusse et la Confédération helvétique a perdu tout caractère belliqueux, et il nous est permis d'espérer bientôt une solution favorable.

» L'entente rétablie entre les trois puissances protectrices de la Grèce rend désormais inutile la prolongation du séjour des troupes anglaises et françaises au Pirée.

» Si un désaccord regrettable s'est élevé au sujet des affaires de Naples, il faut encore l'imputer à ce désir qui anime également le gouvernement de la Reine Victoria et le mien, d'agir partout en faveur de l'humanité et de la civilisation.

» Aujourd'hui que la meilleure intelligence règne entre toutes les grandes puissances, nous devons travailler sérieusement à régler et à développer à l'intérieur les forces et les richesses de la nation. Nous devons lutter contre les maux dont n'est pas exempte une société qui progresse.....

» Éclairer et diriger, voilà notre devoir. Le pays prospère, il faut en convenir; car, malgré la guerre et la disette, le mouvement du progrès ne s'est pas ralenti. Le produit des impôts indirects, qui est le signe certain de la richesse publique, a dépassé, en 1856, de plus de 50 millions le chiffre déjà si exceptionnel de 1855. Depuis le rétablissement de l'Empire, ces revenus se sont accrus d'eux-mêmes de 210 millions, abstraction faite des impôts nouveaux. Néanmoins, il y a une grande souffrance dans une partie du peuple, et, tant que la Providence ne nous enverra pas une bonne récolte, les millions donnés par la charité privée et par le Gouvernement ne seront que de faibles palliatifs...

» En présence des exigences diverses de la situation, j'ai résolu de réduire les dépenses sans suspendre les grands travaux, sans compromettre les existences acquises; de diminuer certains impôts sans porter atteinte aux finances de l'Etat.

» Le budget de 1858 vous sera présenté en équilibre; toutes les dépenses prévues y ont été portées.. ..

» Les budgets de la guerre et de la marine ont été réduits dans de justes limites, de manière à conserver les cadres, à respecter les grades si glorieusement gagnés, et à maintenir une force militaire digne de la grandeur du pays. C'est dans cette pensée que le contingent annuel a été fixé à cent mille hommes; ce chiffre est de vingt mille au-dessus de celui des appels ordinaires en temps de paix. Mais, d'après le système que j'ai adopté, et auquel j'attache une grande importance, les deux tiers environ de ces conscrits ne resteront que deux ans sous les drapeaux, et formeront ensuite une réserve qui fournira au pays, dès la première apparition du danger, une armée de plus de six cent mille hommes exercés.

» La réduction dans l'effectif permettra d'améliorer la solde des grades inférieurs et de la troupe, mesure que la cherté des subsistances rend indispensable. Par la même raison, le budget alloue une somme de 5 millions pour commencer l'augmentation des plus faibles traitements d'une partie des petits employés ci-vils, qui, au milieu des plus rudes privations, ont donné le bon exemple de la probité et du dévouement.

» On n'a pas oublié non plus une allocation pour établir les paquebots transatlantiques, dont la création est demandée depuis si longtemps.

» Malgré ces accroissements de dépenses, je vous proposerai de supprimer, à partir du 1er janvier 1858, le nouveau décime de guerre sur les droits d'enregistrement. Cette suppression est un sacrifice de 23 millions; mais, en compensation, et conformé-ment au vœu exprimé plusieurs fois par le Corps législatif, je fais étudier l'établissement d'un nouveau droit sur les valeurs mobilières......

» L'Algérie, qui, dans des mains habiles, voit ses cultures et son commerce s'étendre de jour en jour, mérite de fixer par-ticulièrement nos regards. Le décret de décentralisation rendu récemment favorisera les efforts de l'administration, et je ne négligerai rien pour vous présenter, suivant les circonstances, les mesures les plus propres au développement de la colonie.

» J'appelle votre attention sur une loi qui tend à fertiliser les landes de Gascogne. Les progrès de l'agriculture doivent être un des objets de notre constante sollicitude, car de son amélioration ou de son déclin date la prospérité ou la décadence des empires.

» Messieurs les Députés, puisque cette session est la dernière de votre législature, permettez-moi de vous remercier du con-cours si dévoué et si actif que vous m'avez prêté depuis 1852.....

» Fort du concours des grands Corps de l'Etat et du dévoue-ment de l'armée, fort surtout de l'appui de ce peuple qui sait que tous mes instants sont consacrés à ses intérêts, j'entrevois pour notre patrie un avenir plein d'espoir.

». La France, sans froisser les droits de personne, a repris dans le monde le rang qui lui convenait, et peut se livrer avec sé-curité à tout ce que produit de grand le génie de la paix. Que Dieu ne se lasse pas de la protéger, et bientôt l'on pourra dire de notre époque ce qu'un homme d'Etat, historien illustre et na-tional, a écrit du Consulat : « *La satisfaction était partout, et quiconque n'avait pas dans le cœur les mauvaises passions des partis, était heureux du bonheur public.* »

II. — ACTES RENDUS EN FAVEUR DE L'ARMÉE DE TERRE ET DE MER.

Création d'une dotation au profit de l'armée. — Avantages accordés aux rengagements. — Augmentation des pensions de retraite.

1855, 26 avril. — Loi relative à cette création. B. p. 661.

La loi précitée offre l'immense avantage d'accroître dans l'armée le nombre des anciens soldats, et de permettre de diminuer plus tard le poids de la conscription. Nous rappellerons ses principales dispositions :

ART. 1er. Une dotation est créée, dans l'intérêt de l'armée, sous la surveillance et la garantie de l'Etat.

ART. 5. Les jeunes gens compris dans le contingent annuel obtiennent l'exonération du service au moyen de prestations versées à la caisse de la dotation, et destinées à assurer leur remplacement dans l'armée, par la voie du rengagement d'anciens militaires.

ART. 6. Le taux de la prestation individuelle est fixé chaque année, sur la proposition de la commission supérieure, par un arrêté du ministre de la guerre.

ART. 8. Les militaires sous les drapeaux peuvent être admis à l'exonération du service par le versement d'une prestation, dont le taux est fixé conformément aux dispositions des art. 5 et 6.

ART. 9. La caisse de la dotation est autorisée à recevoir, au nom des jeunes gens, avant l'appel de leur classe, des versements applicables à leur exonération ultérieure du service, s'il y a lieu.

ART. 11. Les rengagements sont d'une durée de trois ans au moins et de sept ans au plus. Ils ne peuvent être contractés que par les militaires qui accomplissent leur septième année de service, soit dans l'armée active, soit dans la réserve, ou par les engagés volontaires qui sont dans leur quatrième année de service.

ART. 12. Le premier rengagement de sept ans donne droit :

1° A une somme de 1,000 fr., dont 100 fr. payables le jour du rengagement ou de l'incorporation, 200 fr. soit au jour du rengagement ou de l'incorporation, soit pendant le cours du service, sur l'avis du conseil d'administration du corps, et 700 fr. à la libération définitive du service.

2° A une haute paie de rengagement de 10 centimes par jour.

Tout rengagement contracté pour moins de sept ans donne droit, jusqu'à quatorze ans de service : 1° A une somme de 100 francs par chaque année, payable à la libération du service; 2° A la haute paie de rengagement de 10 centimes par jour. Après quatorze ans de service, le rengagement n'a droit qu'à une haute paie de rengagement de 20 centimes.

ART. 18. Les sommes attribuées par l'art. 12 ci-dessus, aux rengagés et aux engagés volontaires après libération, sont incessibles et insaisissables.

ART. 19. Le maximum et le minimum de la pension de retraite, fixés par la loi du 11 avril 1831, sont augmentés de 165 fr. pour les sous-officiers, caporaux, brigadiers et soldats.

Le droit à la pension de retraite par ancienneté est acquis à ces militaires après 25 ans accomplis de service effectif.

1856. 24 juin. — Loi qui étend à l'armée de mer le bénéfice de l'art. 19

de la loi du 26 avril 1855, relative à la création d'une dotation de l'armée, en ce qui touche l'augmentation du maximum et du minimum de la pension de retraite. B. p. 849.

1856. 11 juillet. — Rapport et décret impérial sur l'allocation d'un supplément de pension aux marins ayant droit à la *demi-solde*, d'après la loi du 13 mai 1791, et qui réunissent six ans de service à bord des bâtiments de l'Etat, ou dans les divisions des équipages de ligne. B. p. 425.

Rétablissement de l'aigle sur les drapeaux de l'armée et sur la croix de la Légion d'honneur.

1851. 31 décembre. — Décret y relatif. B. p. 1269.

La forme de la décoration de la Légion d'honneur, telle qu'elle avait été adoptée par Napoléon Iᵉʳ, est rétablie.

1852. 1ᵉʳ février. — Décret y relatif. B. p. 244.

Institution de la Médaille Militaire.

1852. 22 janvier, 29 février et 27 mars. — Décrets instituant la médaille militaire. B. p. 93, 661 et 862.

1855. 7 février. — Décret portant que les sous-officiers et soldats amputés, auxquels la médaille militaire aura été conférée après leur admission à la retraite, auront droit au traitement affecté à cette décoration. B. p. 289.

Par l'art. 4 du décret du 27 mars 1852, le château de Rambouillet est affecté à l'établissement d'une maison d'éducation destinée aux filles ou orphelines indigentes des familles, dont les chefs auront obtenu la médaille militaire.

(Voir l'allocution à l'armée, prononcée par le Prince-président, à l'occasion de la médaille militaire ci-dessus, p. 27).

Augmentation de la solde.

1853, 17 et 19 février. — Décrets qui augmentent la solde des sous-officiers de toutes armes, gendarmerie comprise, pour l'armée de terre et de mer. B. p. 323 et 357.

La réduction dans l'effectif va permettre d'améliorer la solde des grades inférieurs et de la troupe.

(Voir ci-dessus, *Discours de l'Empereur*, p. 40.)

Quelques dispositions prises spécialement en faveur de l'armée d'Orient.

1854, 10 mars. — Décret portant que des aumôniers seront attachés à l'armée d'Orient. B. p. 686.

1854, 15 juillet. — Décret portant application, au corps expéditionnaire de la Baltique, des dispositions des art. 18, 19 et 20 de la loi du 14 avril 1832, sur l'avancement dans l'armée. B. p. 144.

1855, 4 août. — Décret portant qu'il sera attaché des aumôniers aux hôpitaux français établis en Orient. B. p. 253. — 4 août. — Décret portant que le service de guerre fait à l'armée d'Orient sera compté, à titre de bénéfice de campagne, pour le double de sa durée effective. B., p. 260. — 8 août. — Décret qui ouvre un crédit extraordinaire de 300,000 fr. pour les familles des militaires morts à l'armée d'Orient. B. p. 265.

Le rétablissement de l'ordre par l'armée est considéré comme service de campagne.

1851, 5 décembre. — Décret portant que, lorsqu'une troupe organisée aura contribué, par des combats, à rétablir l'ordre sur un point quelconque du territoire, ce service sera compté comme service de campagne. B. p. 998.

1852, 3 janvier. — Décret portant qu'à l'avenir l'année de service de la gendarmerie en Corse, sera comptée en sus comme année de campagne. B. p. 4. —

23 avril. — Décret portant que l'année 1851 sera comptée comme bénéfice de campagne aux militaires qui, au 2 décembre, se trouvaient dans les localités où des troubles ont éclaté, ou qui y ont été appelés à cette occasion. B. p. 1289.

Mesures prises en faveur des anciens militaires de la République et de l'Empire.

Dès le mois de décembre 1849, MM. les préfets étaient invités à s'informer de la situation de ces anciens militaires, à recueillir leurs titres et à en dresser un état. (*M.* 7 déc. 1849.) Et un décret du 25 février 1850 instituait, sous la présidence du grand chancelier de la Légion d'honneur, une commission à l'effet d'examiner les réclamations formées par ces vieux débris des armées de l'Empire et de la République (*M.* 3 mars 1850), réclamations auxquelles ont satisfait les divers actes ci-après :

1851, 14 décembre. — Rapport et décret affectant 2 millions 700,000 fr. aux secours annuels et viagers à distribuer aux anciens militaires de la République et de l'Empire. B. p. 1084.

1852, 11 et 21 février. — Décrets accordant provision de quart du secours annuel et viager accordé aux anciens militaires de la République et de l'Empire. B. p. 375 et 572.

1853, 10 juin. — Loi relative au crédit de 2 millions 700,000 fr. pour secours viagers à d'anciens militaires de la République et de l'Empire. B. p. 1036.

1853, 12 août. — Décret relatif au traitement des officiers nommés ou promus par l'empereur Napoléon Ier, dans l'ordre de la Légion d'honneur, du 27 février au 7 juillet 1815. B. p. 284.

1856, 27 octobre. — Décret impérial qui ouvre un crédit extraordinaire de 400,000 fr. au budget de la Légion d'honneur, exercice 1856, pour les anciens militaires de la République et de l'Empire. B. p. 844.

Traitements et secours aux légionnaires. — Pensions et secours aux veuves et enfants.

1851, 18 juin. — Loi qui attribue le traitement de légionnaire aux officiers, sous-officiers et soldats de la garde républicaine, décorés pour leur conduite dans les journées de juin 1848. B. p. 700.

1852, 22 janvier. — Décret attribuant des allocations aux officiers, sous-officiers et soldats de terre et de mer nommés ou promus par la suite dans la Légion d'honneur. B. p. 93. — 25 janvier. — Décret portant que l'article 10 de celui du 22 janvier 1852, relatif au traitement de la Légion d'honneur, est applicable à tous les officiers de terre et de mer qui seront admis à la retraite à dater de cette époque. B. p. 534.

1853, 12 février. — Décret qui ouvre un crédit extraordinaire de 261,000 fr. pour supplément à la dotation de la Légion d'honneur. B. p. 334.

1853, 14 mars et 10 juin. — Décrets concernant les brevets à délivrer aux membres de la Légion d'honneur et à tous Français décorés d'ordres étrangers. (*M.* 1er avril et 24 juin).

Ces brevets sont soumis au paiement d'un droit de chancellerie, dont une partie des produits sert à augmenter le fonds de secours affecté aux membres et aux orphelines de la Légion d'honneur.

1854, 18 février. — Décret qui ouvre un crédit extraordinaire de 850,000 fr. pour supplément à la dotation de la Légion d'honneur. B. p. 616.

1856, 26 avril. — Loi relative aux pensions des veuves des militaires et marins tués sur le champ de bataille ou morts des suites des blessures qu'ils y auraient reçues. B. p. 517.

1849, 8 septembre. — Décret portant constitution définitive de l'hospice des Orphelines de la Marine, à Rochefort. B. p. 323.

Secours aux familles des militaires qui ont péri victimes de la catastrophe d'Angers.

1850, 25 avril. — Loi qui ouvre un crédit de 150,000 fr. pour ces secours. B. p. 430.

Des officiers généraux et supérieurs mis à la retraite par des décrets du gouvernement provisoire en sont relevés, et rétablis à leur rang dans le cadre de l'état-major général.

1849, 11 août. — Loi y relative. B. p. 199.

1851, 20 décembre. — Décret qui abroge celui du 3 mai 1848, portant réduction du cadre d'activité des officiers-généraux et du cadre de l'état-major. B. p. 1235.

1852, 1er décembre. — Décret qui rétablit la seconde section de l'état-major général de l'armée (la réserve). B. p. 867.

Réserve d'emplois faite aux anciens militaires dans tous les services publics.

1850, 5 juillet. — Loi sur l'admission dans les fonctions publiques. — Voir ci-après, p. 66.

Cumul autorisé en faveur des officiers et sous-officiers employés dans l'administration des palais nationaux.

1852, 24 mars. — Décret qui autorise le cumul en faveur des officiers et sous-officiers employés dans l'administration des palais nationaux. B. p. 878.

La livraison du tabac de cantine est autorisée aux troupes de l'armée de terre et de mer.

1853, 29 juin et 10 août. — Décrets y relatifs. B. de 1854, p. 37 et 38.

Amnisties aux déserteurs et insoumis de l'armée de terre et de mer.

1852, 4, 6, et 11 décembre. — Décrets y relatifs. B. de 1853, p. 20, 43 et 50.

1852, 4 décembre. — Décret qui fait remise des peines prononcées pour délits et contraventions relatives à la police maritime côtière. B. de 1853, p. 45.

Création d'un corps d'infirmiers permanents pour l'armée de mer.

1853, 19 mars. — Décret y relatif. B. (2e sem.), p. 219.

Travaux de défense et autres dans les ports du Havre, de Cherbourg, de Toulon.

1850, 7 août. — Loi qui assure un crédit de 655,000 fr. pour les travaux du fort Boyard et le curage de la petite rade de Toulon. B. p. 315.

1851, 14 avril. — Loi qui affecte une somme de 5,999,000 fr. aux travaux de fortification destinés à protéger la ville, le port et la rade de Cherbourg. B. p. 510.

1853, 9 août et 29 octobre. — Décrets relatifs aux fortifications du Havre. B., p. 281 et 874.

III. — ACTES RENDUS EN FAVEUR DES CLASSES OUVRIÈRES ET NÉCESSITEUSES

Nous avons déjà dit que le Prince-Président, dès son entrée au pouvoir, avait parcouru les ateliers et les établissements industriels, afin de se rendre compte par lui-même des besoins de la classe ouvrière. Là ne s'est pas arrêtée sa sollicitude en faveur de nos ouvriers. Il a prescrit à M. le Préfet de police une enquête, qui a été provoquée par la circulaire ci-après à MM. les commissaires de police de Paris et de la Banlieue :

« Protection à l'industrie et au travail. — Etudiez la situation des classes ouvrières, dans le ressort de votre service. Les événements ont éclairé les ouvriers qui n'étaient qu'égarés, et c'est le plus grand nombre; contribuez, par de bons conseils, à les mettre en garde contre de perfides séductions. Ils ont dû voir que ceux qui leur parlaient d'abolir l'exploitation de l'homme par l'homme, les exploitaient, pour leur compte de la manière la plus cruelle, en les précipitant dans des aventures qui ne rapportaient à leurs ménages que la ruine, et à eux, que des condamnations judiciaires. C'était là une exploitation criminelle, au profit de meneurs habiles et de fauteurs d'anarchie, qui ne cherchaient de complices parmi les ouvriers que pour en faire des victimes, et pour conquérir, à l'aide de leurs bras et au prix de leur misère, des places et des honneurs! Répétez sans cesse à cette portion si intéressante de la société, que le travail est la seule ressource, toujours vraie, toujours fidèle, qui ne manque jamais à celui qui l'aime sincèrement. Le travail n'est pas un *droit*, comme on le leur disait; c'est bien plus, dans la civilisation actuelle, c'est un *devoir*, et pour tous les hommes et dans toutes les situations. Vos relations de tous les jours vous permettent d'apprécier les vœux légitimes ou les souffrances imméritées des travailleurs; faites-les-moi connaître, j'éveillerai la sollicitude du gouvernement. (*M.* 15 novembre 1849.) »

Subventions aux travaux d'utilité communale dans le but d'occuper les classes ouvrières.

1853. 22 novembre. — Décret qui ouvre un crédit de 4 millions pour subventions aux travaux d'utilité communale, entrepris dans le but d'occuper les classes ouvrières. B. p. 982.

1854. 1er février. — Décret qui ouvre un second crédit de 2 millions, pour subvention aux travaux d'utilité communale, entrepris dans le but d'occuper les classes ouvrières. B. p. 215. — 26 février. — Décret qui ouvre, sur l'exercice 1854, un nouveau crédit de 2 millions, pour subventions aux travaux d'utilité communale. B. p. 640.

Mesures prises pour remédier à l'insalubrité et à la cherté des logements — 10 millions sont affectés à la construction de maisons pour ouvriers. — Des maisons-modèles sont élevées sur le boulevard Mazas, aux frais de l'Empereur.

Dès les premiers jours de 1849, le Prince-Président avait donné une somme de 50,000 fr. pour la construction de cités ouvrières ou maisons-modèles destinées à remplacer les logements insalubres ou chers, occupés par un grand nombre de familles appartenant aux classes laborieuses. (*M.* 15 janvier 1849.) — Les lois et décrets ci-après ont le même but :

1850. 13 avril. — Loi relative à l'assainissement des logements insalubres. B. p. 413.

1852. 22 janvier. — Décret allouant 10 millions pour l'amélioration des logements des ouvriers dans les grandes villes manufacturières. B. p. 93.

Par l'art. 1er de la loi précitée du 13 avril 1850 :

Sont réputés insalubres les logements qui se trouvent dans des conditions de nature à porter atteinte à la vie ou à la santé de leurs habitants.

Art. 3. — Une commission visitera les lieux signalés comme insalubres ; elle determinera l'état d'insalubrité et en indiquera les causes ainsi que les moyens d'y remédier ; elle désignera les logements qui ne seraient pas susceptibles d'assainissement.

Art. 10. — S'il est reconnu que le logement n'est pas susceptible d'assainissement et que les causes d'insalubrité sont dépendantes de l'habitation elle-même, l'autorité municipale pourra, dans le délai qu'elle fixera, en interrompre provisoirement la location à titre d'habitation.

Asiles pour les ouvriers convalescents ou mutilés sur le domaine de la Couronne.

1855. 8 mars. — Décret relatif à l'établissement, sur le domaine de la couronne, à Vincennes et au Vésinet, de deux asiles pour les ouvriers convalescents ou qui auraient été mutilés dans le cours de leurs travaux. B. p. 639.

1857. 10 janvier — Décret impérial qui affecte une somme de 1 million à l'achèvement et à l'ameublement des asiles impériaux élevés à Vincennes et au Vésinet pour les ouvriers convalescents ou mutilés. B. p. 58.

Création de lavoirs et bains publics gratuits ou à prix réduits.

Dès le 17 novembre 1849, le Prince-Président rendit un décret qui créa une commission pour l'examen et l'étude des moyens de créer, à Paris et dans les grands centres de population, des lavoirs et des bains publics gratuits avec le concours de l'Etat, des départements, des communes et des particuliers. (*M.* 18 novembre 1849.)

Les travaux de cette commission amenèrent les lois et décrets ci-après :

1851, 3 février. — Loi qui ouvre un crédit extraordinaire de 600,000 fr., destiné à encourager la création d'établissements-modèles pour bains et lavoirs publics gratuits ou à prix réduits. B. p. 157.

1852. 3 janvier. — Décret relatif à la création d'établissements-modèles pour bains et lavoirs publics gratuits, ou à prix réduits. B. p. 5.

Fondation des Sociétés et Caisses de secours mutuels pour l'amélioration du sort de la classe laborieuse. — 10 millions leur sont affectés.

1850. 9 avril. — Décret qui reconnaît comme établissement d'utilité publique la Société de secours mutuels fondée à Lyon.

L'art. 1er de ses statuts porte : Le but de la Société est de s'entr'aider et de se secourir mutuellement les uns les autres dans les maladies et dans les cas d'incapacité de travail, causés par les blessures ou infirmités susceptibles de guérison ; de se porter des consolations dans les grandes afflictions de la vie, et de veiller sur les jeunes orphelins que laisseraient après eux les membres de la Société. (*M.* 10 avril 1850.)

1850. 15 juillet. — Loi sur les Sociétés de secours mutuels. B. p. 99.

Par l'art. 1er de cette loi, les associations connues sous le nom de *Sociétés de secours mutuels*, pourront, sur leur demande, être déclarées établissements d'utilité publique.

Art. 2. — Ces Sociétés ont pour but d'assurer des secours temporaires aux sociétaires malades, blessés ou infirmes, et de pourvoir aux frais funéraires des sociétaires.

1852. 22 janvier. — Décret attribuant 10 millions aux Sociétés de secours mutuels. B. p. 93.

Caisses de retraite pour les ouvriers et pour la vieillesse.

1850. 9 avril. — Décret qui reconnaît comme établissement d'utilité publique la Caisse de retraite fondée à Lyon, pour les ouvriers et employés de la fabrique de soie de Lyon et des communes suburbaines.

On remarque à l'art. 1er des statuts de cette Caisse : Cette Caisse est spéciale aux ouvriers en soie, et à toutes les personnes des deux sexes dont l'état ou la profession se rattache à cette industrie, ou qui, par leurs travaux, auront concouru à son progrès, pourvu qu'elles soient âgées de dix-huit ans au moins et de 50 ans au plus, et généralement aussi à tous les sociétaires de la Caisse des secours mutuels. (*M.* 10 avril 1850.)

1850. 18 juin. — Loi qui crée, sous la garantie de l'Etat, une Caisse de retraites ou rentes viagères pour la vieillesse. B. p. 703.

Cette loi porte entre autres dispositions :

Art. 2. Le capital de ces retraites est formé par les versements volontaires des déposants effectués à la Caisse des dépôts et consignations.

Art. 4. Les versements peuvent être faits au profit de toute personne âgée de plus de trois ans.

Art. 6. L'entrée en jouissance de la pension sera fixée, au choix des déposants, de cinquante à soixante ans.

Art. 11. Les certificats, actes de notoriété et autres pièces exclusivement relatives à l'exécution de la présente loi, seront délivrés gratuitement et dispensés des droits de timbre et d'enregistrement.

Art. 13. Il sera formé, auprès du ministre de l'agriculture et du commerce, une commission chargée de l'examen de toutes les questions relatives à la Caisse des retraites.

1850. 13 novembre. — Loi qui ouvre un crédit de 400,000 fr. applicable aux dépenses nécessaires à l'exécution de la loi du 18 juin 1850, sur la Caisse des retraites ou rentes viagères pour la vieillesse. B. p. 637.

Défense gratuite devant les tribunaux, assurée aux indigents.

Le Prince-Président disait dans son Message du 7 juin 1849 : « La justice, qui est une dette de l'Etat, et qui par conséquent est gratuite, se trouve environnée de formalités onéreuses qui en rendent l'accès difficile aux citoyens pauvres et ignorants. Leurs droits et leurs intérêts ne sont pas assez protégés... » La loi ci-après a pour but et pour effet de remédier à cet état de choses. L'administration n'a rien négligé pour en assurer l'exécution. Partout les bureaux d'assistance sont en fonctions, et le pauvre peut, à l'égal du riche, faire valoir ses droits devant les tribunaux.

1851, 22 janvier. — Loi sur l'assistance judiciaire. B. p. 93.

On remarque dans cette loi les dispositions suivantes :

L'assistance judiciaire est accordée aux indigents. — Elle a lieu en matière civile et en matière criminelle et correctionnelle (Art. 1er).

L'assisté est dispensé provisoirement du paiement des sommes dues au Trésor pour droits de timbre, d'enregistrement et de greffe, ainsi que de toute consignation d'amende.

Il est aussi dispensé provisoirement du paiement des sommes dues aux greffiers, aux officiers ministériels et aux avocats pour droits, émoluments et honoraires. (Art. 14.)

Facilités assurées pour le mariage des indigents, la légitimation de leurs enfants naturels et le retrait de ces enfants déposés dans les hospices.

1850, 10 décembre. — Loi ayant pour objet de faciliter le mariage des indigents, la légitimation de leurs enfants naturels et le retrait de ces enfants déposés dans les hospices. B. p. 738.

En vertu de cette loi, les pièces nécessaires dans les cas précités, sont réclamées et réunies par les soins de l'officier de l'état civil de la commune dans laquelle les parties auront déclaré vouloir se marier. (Art. 1er.)

Toutes ces pièces doivent être visées pour timbre et enregistrées gratis, et elles ne donneront lieu à aucun droit de greffe, de sceau, de recherche, ni à aucun droit de légalisation. (Art. 4 et 5.)

Sont admises au bénéfice de cette loi les personnes qui justifieront d'un certificat d'indigence, délivré par le commissaire de police ou par le maire. (Art. 6.)

Autres dispositions législatives rendues en faveur des classes ouvrières.

1851, 22 février. — Loi relative aux contrats d'apprentissage. B. p. 271.

Cette loi détermine les bases du contrat d'apprentissage dans l'intérêt des familles ouvrières et dans celui de l'industrie. Elle a pour but d'assurer à l'apprenti de légitimes garanties d'instruction et de moralité, sans porter atteinte à la liberté du travail et aux droits de la famille.

1851, 17 mai.—Décret qui apporte des exceptions à l'article 1er de la loi du 9 septembre 1848, sur la durée du travail dans les manufactures et usines. B. p. 628.

Ce décret détermine les exceptions à la règle établie par la loi du 9 septembre 1848, qui a limité à douze heures la durée du travail effectif dans les manufactures et usines.

1851, 21 mai.—Loi qui modifie l'arrêté du 9 frimaire an XII, en ce qui concerne les avances aux ouvriers. B. p. 567.

Les avances faites par certains patrons à leurs ouvriers, plaçaient souvent ces derniers dans l'impossibilité de les rembourser, et les engageaient pour un temps illimité. La loi ci-dessus, en réduisant à 30 fr. le chiffre des avances privilégiées, a concilié la liberté du travail avec le respect dû aux conventions.

Conseils de prud'hommes.

1853, 1er juin. —Loi sur les conseils de prud'hommes. B., p. 881.

En vertu de cette loi, les membres de ces conseils, appelés à décider sur les contestations entre les patrons et ouvriers, sont élus par les patrons, contre-maîtres et ouvriers. (Art. 2.)

Les patrons nomment les prud'hommes patrons. — Les contre-maîtres, chefs d'atelier et les ouvriers nomment les prud'hommes ouvriers en égal nombre à celui des patrons. (Art. 9.)

Hospices et hôpitaux.

1851, 7 août.—Loi sur les hospices et hôpitaux, B. p. 215.

En vertu de cette loi (Art. 1er), lorsqu'un individu privé de ressources tombe malade dans une commune, aucune condition de domicile ne peut être exigée pour son admission dans l'hôpital existant dans la commune.

Mesures prises pour parer à la crise alimentaire. — Institution de la caisse de boulangerie.

1853, 27 décembre.—Décret qui institue une caisse de service pour la boulangerie de Paris. B. de 1854, p. 152.

1854, 24 juin (B. p. 11, 2e sem.) — **1855**, 2 juin (B. p. 1158). — 8 septembre (B. p. 362). — **1856**, 8 septembre (B. p. 542). —Décrets portant prorogation du délai fixé par les décrets concernant les diverses mesures relatives aux denrées alimentaires.

Sa Majesté disait, dans son discours d'ouverture de la session, le 2 mars 1854, à l'occasion du décret précité du 27 décembre 1853 :

« Je recommande surtout à votre attention le système adopté par la ville de Paris ; car, s'il se répand, comme je l'espère, par toute la France, il préviendra désormais, pour la valeur des céréales, ces variations extrêmes qui, dans l'abondance, font languir l'agriculture par le vil prix du blé, et, dans la disette, font souffrir les classes nécessiteuses par sa cherté excessive.

» Ce système consiste à créer dans tous les grands centres de population une institution de crédit appelée *Caisse de boulangerie*, qui puisse donner, durant les mois d'une mauvaise année, le pain à un taux beaucoup moins élevé que la mercuriale, sauf à le faire payer *un peu plus cher* dans les années de fertilité. Celles-ci étant en général plus nombreuses, on conçoit que la compensation s'opère facilement ; on obtient aussi cet immense avantage de fonder des sociétés de crédit qui, au lieu de gagner d'autant plus que le pain est plus cher, sont intéressées, comme tout le monde, à ce qu'il devienne à bon marché; car, contrairement à ce qui a existé jusqu'à ce moment, elles font des bénéfices aux jours de fertilité, et des pertes aux jours de disette. »

Assistance publique. — Secours et subventions.

1849, 10 janvier.—Loi sur l'organisation de l'assistance publique à Paris. B. p. 14.

L'administration générale de l'assistance publique à Paris comprend le service des secours à domicile et le service des hôpitaux et hospices civils. (Art. 1er.)

Le directeur a la tutelle des enfants trouvés, abandonnés et orphelins ; il a aussi celle des aliénés. (Art. 3).

1849, 26 juillet.—Loi qui ouvre un crédit extraordinaire de 500,000 fr., pour secours aux établissements de bienfaisance. B. p. 101.

1850, 8 mars.—Loi relative à un crédit de 300,000 fr., pour secours aux établissements de bienfaisance. B., p. 163. — 13 novembre. — Loi qui ouvre un crédit extraordinaire de 400,000 fr., pour secours aux établissements de bienfaisance. B. p. 637.

1851, 27 août.—Décret élevant à 7 1/2 0/0 la proportion de 5 0/0 fixée pour la répartition des secours pour pertes résultant d'orages, de grêle et d'inondation. B. p. 487.

1852, 8 juillet.—Loi qui ouvre un crédit extraordinaire de 400,000 fr., pour secours généraux aux hospices, bureaux de charité et institutions de bienfaisance. B. p. 55.

1853, 15 décembre.—Décret qui ouvre, sur l'exercice 1853, un crédit extraordinaire de 200,000 fr., pour secours aux hospices, bureaux de charité et institutions de bienfaisance. B. de 1854, p. 100.

1854, 16 janvier.—Décret qui ouvre, sur l'exercice 1854, un crédit extraordinaire de 2 millions pour secours aux établissements de bienfaisance. B., p. 106. — 15 juillet. — Décret qui ouvre, sur l'exercice 1854, un crédit de 300,000 fr., pour secours aux établissements de bienfaisance. B. p. 117. — 20 décembre. — Décret qui ouvre, sur l'exercice 1855, un crédit de 5 millions, pour subventions aux travaux d'utilité communale et aux distributions de secours par les bureaux de bienfaisance. B. p. 27.

1855, 22 septembre.—Décret qui ouvre, sur l'exercice 1855, un crédit de

10 millions, pour subventions aux travaux d'utilité communale et aux distribution de secours par les bureaux de bienfaisance. B. p. 381.

1856, 7 juin et 10 juillet. — Lois ouvrant crédits de douze millions pour secours aux inondés. B. p. 797. et (2ᵉ sem.) p. 145. — 22 septembre. — Décret qui ouvre, sur l'exercice 1856, un crédit supplémentaire de 87,000 fr. pour complément de subvention aux établissements de bienfaisance. B. p. 740. — 28 décembre. — Décret qui ouvre, sur l'exercice 1857, un crédit extraordinaire de 3 millions, pour subventions aux travaux d'utilité communale et pour secours à distribuer par les bureaux de bienfaisance. B. p. 1436.

Secours et dons accordés personnellement par Napoléon-III, *soit comme Président, soit comme Empereur.*

Nous n'avons pas la prétention de donner ici l'énumération complète des secours et dons de toute nature, répandus par l'inépuisable bienfaisance de Napoléon III, au double titre de Président et d'Empereur. Il ne nous appartient pas d'ailleurs de les connaître, ni conséquemment de les rapporter tous ; et puis, les limites, si restreintes, de cet opuscule, ne nous le permettraient pas. Mais nous rappellerons les principaux de ces actes de libéralité, tels que nous les avons trouvé consignés au *Moniteur* :

1849. — Le Prince-Président consacre une somme de 7,000 fr. au soulagement des familles nécessiteuses du département de la Seine, frappées par le choléra (M. 14 juin); — Il envoie 3,000 fr. destinés au bureau de bienfaisance d'Amiens (M. 23 juillet); — 2,000 fr. pour le même objet aux maires de Noyon et Troyes (M. 28 février et 6 mai.)

1850. — Il fait remettre une somme de 1.000 fr. à chacun des maires des arrondissements de Paris, pour être versés aux bureaux de bienfaisance (M. 10 décembre); — 2,400 fr. destinés aux pauvres et aux ouvriers nécessiteux de Saint-Quentin (M. 18 juin); — 900 fr. pour la caisse de secours des associations des auteurs, compositeurs et artistes (M. 23 et 28 décembre).

1851. — Lors de son voyage à Lyon, il fait remettre, pour les indigents, 5,000 fr. à Dijon, 3,000 fr. à Chalons, 1,000 fr. à Beaune, 1,000 fr. à Montbard (M. 15 juin); — 1,000 fr. au Préfet de l'Oise (M. 15 juillet).

1852. — Il envoie une somme de 10,000 fr. à M. Foucault, auteur de plusieurs travaux sur l'électricité, sur la lumière et notamment sur le pendule appliqué à la démonstration du mouvement de la terre (M. 21 février); — 1,000 fr. pour les ouvriers de Paris, laissés sans ouvrage par suite d'un incendie (M. 1ᵉʳ avril); — 1,200 fr. pour les pauvres lors de sa visite au château de Laferté-Beauharnais (M. 24 avril); — Avant son départ de Strasbourg, il remet au Maire de cette ville 10,000 fr. pour le bureau de bienfaisance (M. 26 juillet); — 1,000 fr. pour les ouvriers d'une fabrique (M. 6 août); — La location des chaises et du café du jardin est un des revenus du palais des Tuileries et appartient au Prince-Président. Il décide qu'une somme de 20,000 fr. qui équivaut à ce produit, sera affectée à la fondation d'une caisse de secours mutuels pour les ouvriers et employés des manufactures nationales. — Par les mêmes motifs, et dans une pensée analogue, il met à la disposition du maire de Versailles, une somme annuelle de 15,000 fr. (M. 11 septembre); — Le Prince est à Bourges quand il apprend qu'un grave accident est arrivé aux travaux de l'égout de la rue de Rivoli ; il transmet aussitôt par le télégraphe l'ordre de distribuer des secours aux ouvriers blessés et aux familles des deux qui ont succombé. (M. 16 septembre); — Il adresse

1,000 fr. à la Société des Amis des Arts de Marseille ; 1,000 fr. à celle de Bordeaux (M. 13 novembre). — L'Empereur visite l'Hôtel-Dieu et le Val-de-Grâce ; il remet une somme de 10,000 fr. pour chacun de ces établissements. L'Empereur avait annoncé au Ministre de l'Intérieur son intention de visiter les hôpitaux de Paris. « Je veux, avait-il dit, que ma » première visite comme Empereur soit pour ceux qui souffrent. » (M. 4 décembre 1852). — Instruite qu'un accident grave, arrivé à la machine d'une usine à Montataire (Oise), allait occasionner un chômage de plusieurs jours aux ouvriers de cet établissement, Sa Majesté leur envoie une somme de 3,000 fr. (M. 28 décembre.)

1853. — L'Empereur donne sur sa cassette une somme de 200,000 fr. pour faciliter le retrait, par leurs familles, des enfants trouvés et abandonnés dans les hospices de France. (M. 2 janvier); — Sa Majesté a voulu que les frais des fêtes de son mariage fussent entièrement supportés par sa liste civile. (M 31 janvier); — Informé de la mort récente d'un artiste de la manufacture des Gobelins, l'Empereur fait remettre une somme de 1,000 fr. pour sa veuve (M. 2 février). — L'Empereur et l'Impératrice désirant laisser des souvenirs de leur visite à Saint-Denis, envoient 30 lots pour les jeunes filles qui ont assisté à leur cortége. (M. 23 mars).

1854. — L'Empereur envoie à M. le Préfet de police 100,000 fr. pour venir en aide aux familles nécessiteuses et aux ouvriers sans ouvrage. (M. 17 février).

1855. — L'Empereur envoie 1,500 fr. aux ouvriers de M. Decoster, qui avaient travaillé une heure en plus pendant douze jours, pour affecter le produit de ce travail à la souscription en faveur de l'armée d'Orient. (M. 25 janvier) — L'Empereur et l'Impératrice font remettre aux Ministres de la guerre et de la marine 10,000 fr. pour secours aux familles des soldats et marins, ayant péri dans le naufrage de *la Sémillante*. (M. 10 mars). — Sa Majesté ayant appris les désastres causés par les inondations dans plusieurs départements, envoie aux préfets une somme de 10,000 fr. pour être distribuée aux habitants pauvres qui ont le plus souffert du fléau. L'Impératrice joint une somme de 10,000 fr. pour être employée dans le même but. (M. 7 juin).

1856. — A l'occasion de la naissance du Prince impérial, l'Empereur ordonne qu'une somme de 100,000 fr. prélevée sur les fonds de la liste civile, sera répartie entre les bureaux de bienfaisance des principales villes et communes où sont situés les domaines de la Couronne. — A la même occasion, Sa Majesté accorde 10,000 fr. à chacune des Caisses de secours des six associations des auteurs dramatiques, des gens de lettres, des artistes dramatiques, des artistes musiciens, des artistes peintres et des inventeurs (M. 17 mars); — Elle décide, en outre, après avoir pris l'avis de la Commission supérieure des sociétés de secours mutuels, qu'une somme de 500,000 fr. sera prélevée sur le revenu de la dotation de ces sociétés pour constituer des pensions de retraite en faveur de leurs vieillards. (M. 18 mars). — Enfin, Sa Majesté accorde, sur les fonds de la liste civile, une somme de 10,000 fr. à la caisse de secours de l'association des médecins du département de la Seine (M. 27 mars); — A l'occasion des inondations de cette même année, et lors de sa visite à Lyon, outre de nombreux secours distribués personnellement aux victimes qui se pressaient en foule autour d'Elle, Sa Majesté remet au Sénateur chargé de l'administration du Rhône, une somme de 100,000 fr. prise sur sa cassette; Elle adresse une somme de 25,000 fr. au Préfet de l'Isère, pour les inondés de ce département. (M. 3 juin); — Sa Majesté envoie, pour le même objet, 7,000 fr. au Sous-Préfet de Tournon, 10,000 fr. à Vienne, 2,000 fr. aux Roches de Cendrieu, 5,000 fr. à Tain, 2,000 fr. à Tournon, 20,000 fr. à Valence, 20,000 fr. au Préfet de la Drôme, 4,000 fr. à Montélimart, et 4,000 fr. à la Palud. (M. 4 juin). — Pour parer aux mêmes désastres, l'Empereur remet 20,000 fr. au Préfet du Loiret, 5,000 fr. au Maire de Beaugency, 20,000 fr. au Préfet de Loir-et-Cher, 50,000 fr. au Préfet d'Indre-et-Loire et 50,000 fr. au Préfet de Maine-et-Loire. (M. 8 juin). Enfin, Sa Majesté donne 30,000 fr. à la commune d'Anglet, voisine de Biarritz, pour l'ensemencement des dunes dans cette localité, trop pauvre pour y subvenir. (M. 10 septembre).

☞ *Voir aussi le* Ch. VIII *ci-après.*

IV. — ACTES RENDUS EN FAVEUR DU COMMERCE, DE L'INDUSTRIE ET DE L'AGRICULTURE; — TRAVAUX PUBLICS; — VOIES DE COMMUNICATION.

(a) COMMERCE, INDUSTRIE. — *Principaux actes réglementaires pour le commerce et l'industrie.*

1850. 5 juin. — Loi relative au timbre des effets de commerce, des bordereaux de commerce, des actions dans les sociétés, etc. B. p. 651.

1851. 22 juillet. — Loi relative aux grandes pêches maritimes. B. p. 249.

1856. 25 juin. — Loi relative au transport des imprimés, des échantillons et des papiers d'affaires ou de commerce, circulant en France par la poste. B. p. 899. — 26 juillet. — Loi sur les douanes. B. p. 375.

Décrets réglementaires des chambres et tribunaux de commerce.

1851. 3 sept. — Décret sur l'organisation des Chamb. de commerce. B. p. 503.

Ce décret reconnaît les chambres de commerce comme établissements d'utilité publique, et a satisfait ainsi à un de leurs vœux fréquemment exprimés.

1852. 2 mars. — Décret sur les tribunaux de commerce. B. p. 445.

1853. 2 février. — Décret qui établit, près du gouvernement, un conseil supérieur du commerce, de l'agriculture et de l'industrie. B. p. 314.

Création de chambres de commerce, en remplacement des chambres consultatives des arts et manufactures à Saint-Quentin, Nancy, Angers, au Mans, et à Thiers. — Création de chambres consultatives.

(Décrets des 1er mars 1850. B. p. 166; du 21 nov. 1855, B. p. 716; des 29 septembre et 23 octobre 1856, B. p. 815 et 856).

1850. 5 décembre. — Décret qui établit à Montereau-Faut-Yonne (Seine-et-Marne) une chambre consultative des arts et manufactures. B. p. 705.

Exposition des produits agricoles et industriels de 1849. — Exposition universelle de Londres en 1851 et de Paris en 1855.

1849. 18 janvier. — Arrêté relatif à l'Exposition des produits agricoles et industriels. B. p. 74.

1851. 27 janvier. — Loi ouvrant un crédit extraordinaire de 638,000 fr. pour dépenses relatives à l'Exposition universelle de Londres. B. p. 106.

1853. 8 mars. — Décret portant qu'une Exposition universelle des produits agricoles et industriels s'ouvrira à Paris, le 1er mai 1855. B. p. 518.

Création de succursales de la Banque de France à Limoges, Avignon, Amiens, Nancy, Toulon, Nevers, Dunkerque, Dijon et Arras. — Comptoirs d'escompte.

(Décrets du 10 juillet 1849, B. p. 85 ; du 31 déc. 1850, B. de 1851, p. 79, du 7 juillet 1852, B. p. 275 ; des 18 avril et 14 déc. 1853, B. p. 679, 680 et 1096 ; du 13 juin 1855, B. p. 1305, 1306, 1307).

1853. 10 juin. — Loi sur les comptoirs d'escompte. B. p. 1045.

AGRICULTURE. — *Représentation légale de l'industrie agricole.*

1851. 20 mars. — Loi créant des comices agricoles, des chambres et un conseil général d'agriculture. B. p. 391.

Actes sur le crédit foncier.

1852. 28 février et 28 mars. — Décrets sur les Sociétés de crédit foncier. B. p. 933 et 1117.

1853. 10 juin et 21 décembre. — Loi et décret sur les Sociétés de crédit foncier. B. p. 1041 et B. de 1854 p. 205.

1854. 6 juillet. — Décret organisant le crédit foncier de France. B. p. 109.

Ces actes sont la réalisation d'un vœu qu'avait exprimé le Prince-Président dans son Message du 7 juin 1849, en ces termes :

« Il faut qu'une institution nouvelle vienne féconder l'agriculture; en lui apportant d'utiles ressources, en facilitant ses emprunts, elle préludera à la formation d'établissements de crédit à l'instar de ceux qui existent dans les divers États de l'Europe. »

Actes en faveur de l'enseignement agricole.

Le même Message précité constatait qu'il y avait déjà, à cette époque, quarante-six fermes Écoles ; que les Instituts de la Saulsaie et de Grand-Jouan avaient pris rang d'écoles régionales, fonctionnant comme établissements de l'État.

Depuis, la loi du 5 août 1850 a créé des colonies agricoles-modèles pour les jeunes détenus ; et un conseil de perfectionnement des Ecoles vétérinaires, créé par Décret du 16 février 1850, a provoqué le Décret réglementaire de ces Ecoles, du 8 mars 1851. Enfin, un rapport à l'Empereur, du 13 février 1856 (B. p. 316) constate les heureux résultats de l'enseignement pratique de l'agriculture dans les Ecoles normales primaires.

Drainage. — Défrichement. — Travaux d'amélioration de la Sologne. — Culture du tabac.

1854. 10 juin et **1856.** 17 juillet. — Lois sur le drainage. B. p. 1487 et 275.

1850. 22 juillet. — Loi relative aux défrichements des bois. B. p. 149.

1852. 28 mars. — Décret relatif aux forêts de la Corse. B. p. 875.

1852. 29 juin. — Loi qui ouvre un crédit de 360,000 fr. pour travaux d'amélioration de la Sologne. B. p. 1527.

1854. 17 novembre. — Décret qui autorise la culture du tabac dans le département de la Gironde. B. p. 767.

(b.) TRAITÉS DE COMMERCE ET DE NAVIGATION.

1850. 31 janvier. B. p. 97 et 149. — Traité avec la Belgique. (Voir aussi à la date de 1854, 13 avril.) — 22 mars. B. p. 328. — Traité avec la République de Costa-Rica. — 17 juillet. B. p. 133. — Traité avec la République de Guatemala.

1851. 10 février et 17 juillet. B. p. 179 et 82 (2e sem.). — T. avec la Sardaigne.

1852. 2 juin. B. p. 1435. — Traité avec la Sardaigne. — 24 février. B. p. 349. — Traité avec les Deux-Siciles. — 30 avril. B. p. 1217. — Traité avec les Pays-Bas. — 26 novembre. B. p. 819. — Traité avec la République Dominicaine.

1853. 15 mars. B. p. 369. — Traité avec la Toscane. — 8 août. B. p. 161. — Traité avec le Chili. — 27 décembre. B. de 1854, p. 69. — T. avec le Portugal.

1854. 2 février. B. p. 161. — avec le Paraguay. — 13 avril. B. p. 902 et 907. T. avec la Belgique — 30 novembre. B. p. 789. — T. avec la Conféd. argentine.
1856. 18 octobre. B. p. 831. — Traité avec la République de Libéria.
1857. 14 février. B. p. 309. — Traité avec la Perse.

Autres mesures et conventions relatives au commerce international.

1849. 10 août. B. p. 218. — Décret relatif aux bâtiments venant en patente nette de la Turquie, de l'Egypte et de la Régence de Tripoli.
1853. 25 janvier. B. p. 183. — Décret relatif au transit international par chemins de fer avec la Belgique et les Pays-Bas. — 17 mai. B. p. 731. — Décret déterminant les modifications apportées aux lois de douane par le traité avec la République dominicaine.
1854. 6 avril. B. p. 924. — Décret sur l'exécution des art. 9 et 13 du traité de commerce avec le Portugal. — 5 décembre. B. p. 850. — Décret relatif à des réductions mutuelles de taxes convenues entre la France et la principauté de Monaco.
1855. 29 décembre. B. p. 810. — Décret affranchissant les navires néerlandais du droit de tonnage établi par l'ordonnance du 26 juin 1841.

(c) TRAVAUX PUBLICS.

Nous nous bornerons à citer les principaux de ces travaux, exécutés soit dans la capitale, soit dans les départements.

Principaux travaux dans la Capitale.

Achèvement du Palais du Louvre et sa réunion à celui des Tuileries ; monument à l'Archevêque de Paris ; achèvement du Tombeau de l'Empereur Napoléon; prolongation de la rue de Rivoli ; construction aux Champs-Elysées du Palais de l'Industrie ; travaux du bois de Boulogne; ouverture des Boulevards de Sébastopol, du Nord, du Trône, de St-Marcel, du faub. St-Germain, de l'Alma ; construction des Halles centrales ; Hôtel du Timbre; restauration des bassins de Versailles et de Saint-Cloud, de la Bibliothèque Sainte-Geneviève, et des salons du Louvre ; églises Sainte-Clotilde, Saint-Eugène; les casernes Napoléon et du Château-d'Eau ; l'agrandissement de l'école militaire, etc., etc.

Principaux travaux dans les départements.

Indépendamment des immenses travaux dans nos ports de mer, nous devons encore mentionner :
L'achèvement des bâtiments de la Cour d'appel de Lyon, et du Palais de Justice de Montpellier ; l'agrandissement de la ville du Havre, et de la Cathédrale de Moulins; les réparations des dommages causés par les diverses inondations ; la reconstruction de la Cathédrale de Marseille ; la construction d'un nouvel Hôtel-Dieu à Nantes, etc., etc.

(d) VOIES DE COMMUNICATION. — *Chemins de fer.* — *Lignes concédées.*

1849. — Chemin de fer de Marseille à Avignon. — de Tours à Nantes et de Montpellier à Nimes. — de Paris à Lyon.
1850. — Chemin de fer du Nord (des mines d'Arriche à la station de Sornain). — Chemin de fer d'Orléans à Bordeaux.
1851. — Chemin de fer de l'Ouest. — de Tours à Bordeaux et de Paris à Strasbourg. — de Lyon à Avignon. — de ceinture pour relier les gares de Paris.
1852. — Chemin de fer de Dijon à Besançon avec embranchement sur Gray et de Dôle à Salins — de Strasbourg à Bâle et de Paris à la frontière d'Allemagne entre Strasbourg et Hommarting. — de Graissessac à Béziers. — de Blesmes et Saint-Dizier à Gray. — de Montereau à Troyes. — de Strasbourg à Spire. — de Lyon à la Méditerranée. — de Bordeaux à Cette et le canal latéral à la Garonne. — de Paris à Cherbourg. — de Bordeaux à Bayonne et de Narbonne à Perpignan.
1853. — de Clermont-Ferrand à Lempdes, de Montauban à la rivière du

Lot, et de Coutras à Périgueux. — de Lyon à la frontière de Genève, avec embranchement sur Bourg et Mâcon. — de Saint-Rambert à Grenoble. — de jonction du Rhône à la Loire.— de Reims à Mézières et Charleville, avec embranchement sur Sedan, et de Creil à Beauvais. — d'embranchement entre les houillères de Sorbier et les chemins de fer de Lyon à Saint-Etienne et de Saint-Etienne à la Loire. — de Laroche à Auxerre. — de Besançon à Belfort. — de Tours au Mans et de Nantes à Saint-Nazaire. —de Paris à Mulhouse, avec embranchement sur Coulommiers, de Nancy à Gray, et de Paris à Vincennes, Saint-Mandé et Saint-Maur.

1854. — Chemin de fer de Carmaux à Albi.— de la frontière de Belgique à Haumont. — de Noyelles à Saint-Valery. — de Montluçon à Moulins, avec embranchement sur Bezenais.

1855. — Chemin de fer de Nantes à Châteaulin, avec embranchement sur Napoléonville. — de Paris à Lyon par le Bourbonnais.

1856. — Chemin de fer de Grenoble à Lyon et Valence. — de Toulouse à Bayonne, avec embranchement sur Foix et Dax, d'Agen à Tarbes et de Mont-de-Marsan à Rabastens.

1857. — Chemin de fer d'embranchement de Bar-sur-Seine à Mulhouse, et de raccordement de Paris à Vincennes et Saint-Maur.

Lignes de chemin de fer inaugurées et ouvertes de 1849 à fin mars 1857.

1849. — De Melun à Montereau ; de Compiègne à Chauny ; de Rognonas à Avignon ; de Bourges à Nerondes ; de Paris à Meaux, à Chartres, puis à Châlons; de Saumur à Angers , de Paris à Melun et de Montereau à Tonnerre ; de Saint-Pierre-lez-Calais à Calais ; de Dijon à Châlon.

1850. — De Chauny à Saint-Quentin ; de Metz à Nancy ; de Châlons-sur-Marne à Vitry ; de Nérondes à Nevers.

1851. — De Montaud à Montrambert; d'Asnières à Argenteuil ; de Vitry à Bar-le-Duc ; de Sarrebourg à Strasbourg ; de Tonnerre à Dijon ; de Tours à Poitiers ; de Metz à Forbach ; d'Angers à Nantes ; de Bar-le-Duc à Commercy.

1852. — De Commercy à Frouard ; traversée du Rhône et raccordements : raccordement à Viroflay ; de Nancy à Sarrebourg ; de Chartres à La Loupe, de Bordeaux à Angoulême ; de Forbach à la frontière de Prusse; ceinture(1re sect.).

1853.—Du Guétin à Moulins; de Poitiers à Angoulême; de Moulins à Varennes.

1854. — Prolongement sur les quais de Nantes ; de Blesmes à Saint-Dizier ; de La Loupe à Nogent-le-Rotrou et le Mans, de Ceinture (2e section); des Batignolles à Auteuil ; de Châteauroux à Argenton; d'Epernay à Reims ; de Varennes à Saint-Germain-des-Fossés ; d'Avignon à Valence; de Châlon à Vaisse; de Vireux à la frontière belge; de Bourg-la-Reine à Orsay ; de Metz à Thionville; de Lamothe à Dax.

1855. — De Dax à Bayonne ;- de Lyon à Valence; de Saint-Germain-des-Fossés à Clermont, à Issoire et à Brassac; de Bordeaux à Langon ; de Dijon à Dôle; de Mantes à Lizieux; de Saint-Dizier à Donjeux; de Vandenhein à Haguenau, à Wissembourg et à la frontière ; de Hautmont à Erquelinnes ; du Mans à Laval ; de Saint-Quentin à Hautmont; de Lanyon à Tonneins; de Lisieux à Caen.

1856.—De Benzeville à Fécamp ; du Mans à Alençon; de Dôle à Bezançon de Brassac à Lempdes; de Tonneins à Valence-d'Agen, puis à Toulouse ; d'Argenton à Limoges; de Lyon à Bourg; de Poitiers à Niort; de Noisy à Nogent; de Vaisse à Perrache et à la Guillotière; de Rognac à Aix; de Saint-Rambert à Rives ; de Lelot à Cranzac.

L'étendue totale des lignes ouvertes de 1849 à fin 1856 est de 3970 kilomètres ou d'environ un millier de lieues.

Surveillance de l'exploitation commerciale et contrôle de la gestion financière des Compagnies de chemins de fer.

1854 — 17 juin. — Décret qui institue à cet effet des inspecteurs généraux. B. p. 4. (2e sem.)

1855. — 22 février. — Décret qui crée un service spécial de surveillance des chemins de fer. B. p. 701 (2e sem.)

Paquebots-poste de la Méditerranée.

Plusieurs lois ont ouvert successivement des crédits pour les dépenses des paquebots-poste de la Méditerranée sur les lignes du Levant et les côtes de l'Italie. Les actes ci-après ont réglé ce service postal.

1851. — 23 juin. — Décret concernant les correspondances expédiées au moyen des paquebots français, soit des parages de la Méditerranée où la France possède des établissements de poste pour le royaume de Sardaigne, soit du royaume de Sardaigne pour les mêmes parages. B. p. 779. — 8 juillet. — Loi relative à l'exploitation du service postal de la Méditerranée. B. p. 17.

1853. — 14 septembre. — Décret concernant les correspondances expédiées au moyen des paquebots français, soit des parages de la Méditerranée où la France possède des établissements de poste pour les États-Romains, soit des États-Romains pour les mêmes parages. B. p. 477.

1856. — 3 décembre. — Décret impérial relatif aux correspondances transportées par les paquebots-poste français ou par les paquebots-poste britanniques naviguant dans la Méditerranée, et expédiées de la France, de l'Algérie et de divers pays étrangers pour les bureaux de poste français établis en Turquie et en Egypte, *et vice versa*. B. p. 979.

Conventions postales.

1849. 22 juin. B. p. 631. — Convention postale avec l'Espagne.

1850. 3 mai. B. p. 541. — avec la Suisse

1851. 14 mars. B. p. 481. — avec la Sardaigne. — 17 juillet. B. p. 84. — avec la Toscane.

1852. 15 février. B. p. 285. — avec les Pays-Bas. — 15 février. B. p. 297. — avec le grand-duché de Luxembourg.

1853. 25 juin. B. p. 1225. — additionnelle avec la Prusse. — 1er juillet. B. p. 1. — avec les États-Romains. — 16 septembre. B. p. 487. — avec les Deux-Siciles.

1854. 9 septembre. B. p. 281. — additionnelle avec la Belgique. — 15 décembre. B. p. 981. — avec la Suède et la Norwége.

1855. 27 décembre. B. p. 749. — additionnelle avec la Grande-Bretagne.

1856. 20 novembre. B. p. 897. — additionnelle avec la Grande-Bretagne. — 20 décembre. B. p. 1197. — avec le grand-duché de Bade.

Autres actes relatifs à l'échange des correspondances avec les postes étrangères.

1849. 4 juillet. — Arrêté fixant la taxe des lettres et des échantillons de marchandises entre la France, l'Algérie et divers pays étrangers. B. p. 9 et 33

1851. 23 juin. — Décret relatif aux correspondances échangées entre l'administration des postes de France et l'administration des postes autrichiennes. B. p. 778.

1853. 11 avril. — Décret relatif à la transmission par Suez des correspondances de France, de l'Algérie et de divers parages de la Méditerranée. B. p. 461. — 22 juin. — Décret sur l'échange des dépèches entre la France et ses établissements coloniaux par la voie des services étrangers. B. p. 39.

1856. 16 février. — Décret relatif aux correspondances échangées, par la voie de l'Espagne, entre la France et le Portugal. B. p 264. — 12 juillet. — Décret relatif à l'échange des journaux et autres imprimés, entre la France et les pays étrangers ou les colonies, soit par l'intermédiaire des postes d'Autriche, de Grèce ou de la Tour et Taxis, soit au moyen des bâtiments du commerce. B. p. 300.

Conventions internationales pour l'établissement de lignes télégraphiques.

1850. 19 décembre. B. p. 762. — Convention qui établit un télégraphe électrique sous-marin entre les côtes de France et d'Angleterre.

1853. 7 février. B. p. 253. — Convention pour la correspondance télégraphique entre la France et la Suisse. — 25 avril. B. p. 477. — *Id.* avec la Belgique et la Prusse. — 28 avril. B. p. 607. — *Id.* avec la Sardaigne. — 29 juillet. B. p. 125. — *Id.* avec la Bavière.

1855. 22 février. B. p. 309. — Convention télégraphique avec l'Espagne, — 26 février, B. p. 325. — *Id.* avec le grand-duché de Bade. — 6 novembre. B. p. 485. — *Id.* avec la Belgique et la Prusse.

1856. 12 avril. B. p. 413. — *Id.* entre la Belgique, l'Espagne, la Sardaigne et la Suisse. — 13 juin. B. p. 818. — *Id.* avec la Suède et la Norwége.

Nouvelles lignes établies en France.

1850. 11 mai et 12 novembre. — Décrets qui autorisent l'établissement d'une ligne électrique entre Bordeaux et le Verdon et entre Nantes, Paimbœuf, Saint-Nazaire et le Croisic, pour la transmission des nouvelles exclusivement relatives au commerce maritime. B. p. 558 et 660.

1852. 26 mars. — Décret portant que la ligne de télégraphie électrique de Paris à Grenoble sera prolongée jusqu'à la frontière Sarde. B. p. 919.

1853. 10 juin. — Loi relative à l'exécution de la ligne de télégraphie électrique entre la France et l'Algérie. B. p. 1192.

Actes relatifs à la correspondance télégraphique privée.

1850. 29 novembre. — Loi autorisant la correspondance privée au moyen du télégraphe électrique de l'État. B. p. 685.

1854. 22 juin. — Loi fixant la taxe pour les dépêches télégraphiques de la correspondance privée. B. p. 1617.

1856. 21 juillet. — Loi qui modifie le tarif existant pour les dépêches télégraphiques privées. B. p. 311.

V. — ACTES RENDUS EN FAVEUR DE LA RELIGION ET DE L'ENSEIGNEMENT PUBLIC.

(a.) RELIGION. — *Construction et réparation des édifices religieux.*

1851. 1er août. — Loi accordant un crédit extraordinaire de 1 million pour les dépenses concernant les édifices diocésains. B., p. 201.

1852. 26 septembre. — Décrets accordant, pour la reconstruction de la cathédrale de Marseille, 2 millions 500,000 fr., et pour l'agrandissement de la cathédrale de Moulins, 1 million 500,000 fr. B. p. 683 et 684.

1853. 21 novembre. — Décret accordant un crédit de 250,000 fr., pour la construction et la réparation d'églises et de presbytères. B. p. 981.

Dans le Message du Prince-Président du 4 novembre 1851, il disait, à l'occasion de la loi du 1er août précédent : « qu'il a été ainsi donné une preuve d'intérêt pour la conservation de nos grands monuments, et de sa sollicitude pour les besoins de la religion. Ce sera, en outre, favoriser l'ouverture de vastes ateliers de construction dans un grand nombre de départements au profit de la classe ouvrière. »

Amélioration des traitements et indemnités en faveur des membres du clergé.

1849. 3 janvier et 26 décembre. — Lois ouvrant des crédits supplémentaires de 400,000 fr. et de 173,000 fr. pour les traitements et indemnités des membres du clergé paroissial. B. p. 1 et 634.

1851. 22 janvier et 19 décembre. — Loi et décret accordant des crédits supplémentaires de 192,564 fr. et de 129,357 fr. pour le même objet. B. p. 101 et B. (1er sem. 1852), p. 11.

1853. 15 et 22 janvier. — Décrets qui augmentent les traitements des archevêques, évêques et vicaires-généraux. B. p. 160 et 225.

1855. 20 janvier. — Décret qui augmente le traitement des aumôniers attachés aux hôpitaux militaires. B. p. 207.

5 millions sont affectés à la création d'une caisse de retraite en faveur des ecclésiastiques âgés et infirmes.

1854. 31 juillet. — Décret relatif à la dotation prescrite par le décret du 22 janvier 1852. B. p. 241.

(*b.*) **ENSEIGNEMENT**. — *Lois et décrets constitutifs sur l'enseignement.*

Dès le 3 janvier 1849, un arrêté instituait près du ministère de l'instruction publique une commission chargée de préparer une loi sur l'enseignement. Cet arrêté est précédé d'un rapport où on lit entre autres : « Il faut que désormais l'éducation hausse tous les niveaux : celui des intelligences et celui des âmes ; il faut qu'elle perfectionne ainsi le premier instrument du travail, du bien-être matériel, des progrès politiques, et qu'en même temps elle ne laisse pas manquer un seul hameau, un seul enfant, des notions éternellement vraies de la religion et de la morale. » (*M.*, 4 janvier 1849.) Les travaux de cette commission ont amené successivement les actes ci-après :

1850. 11 janvier. — Loi relative aux instituteurs communaux. B. p. 13.

En vertu de cette loi, l'instruction primaire, dans chaque département, est spécialement placée sous la surveillance des préfets. (Art. 1ᵉʳ.)

Les instituteurs communaux sont nommés par le comité d'arrondissement et choisis par lui, soit parmi les instituteurs laïques, soit parmi les membres d'associations religieuses vouées à l'enseignement et reconnues par l'Etat, ou, pour les écoles appartenant aux cultes non catholiques reconnus, sur les listes de candidats présentés par les consistoires protestants ou israélites, en se conformant, relativement à cette option, au vœu exprimé par le conseil municipal de la commune. (Art. 2.)

1850. 15 mars et 29 juillet. — Loi et décret sur l'enseignement. B. p. 285.

Voici les principales dispositions de la loi : L'enseignement primaire comprend : l'instruction morale et religieuse, la lecture, l'écriture, les éléments de la langue française, le calcul et le système légal des poids et mesures. (Art. 23.) — L'enseignement primaire est donné gratuitement à tous les enfants dont les familles sont hors d'état de payer. (Art. 24.) — Tout Français âgé de vingt et un ans accomplis, peut exercer dans toute la France la profession d'instituteur primaire, publique ou libre, s'il est muni d'un brevet de capacité. (Art. 25.) — Les instituteurs communaux sont nommés par le conseil municipal de chaque commune. (Art. 31.) — Toute commune doit entretenir une ou plusieurs écoles primaires. (Art. 36.) — Toute commune doit fournir à l'instituteur le local convenable, tant pour son habitation que pour la tenue de l'école, le mobilier de classe et un traitement. (Art. 37.) — L'enseignement primaire, dans les écoles de filles, comprend, outre les matières de l'enseignement primaire énoncées dans l'art. 23, les travaux à l'aiguille. (Art. 48.) — Toute commune de 800 âmes de population et au-dessus est tenue, si ses propres ressources lui en fournissent les moyens, d'avoir au moins une école de filles. (Art. 51.)

1851. 24 mars. — Décret sur les écoles normales primaires. B. p. 449.

En vertu de l'art. 1ᵉʳ de ce décret, l'enseignement dans ces écoles comprend, en outre de ce que prescrit déjà la loi précitée du 15 mars 1850 :

Le chant religieux, l'arithmétique appliquée aux opérations pratiques ; les éléments d'histoire et de géographie ; des notions des sciences physiques et d'histoire naturelle applicables aux usages de la vie ; des instructions élémentaires sur l'agriculture, l'industrie et l'hygiène ; l'arpentage, le nivellement et le dessin linéaire, la gymnastique. — La durée du cours est fixée à trois ans.

1852. 10 avril — Décret qui approuve et établit ainsi qu'il suit le plan d'études adopté par le conseil supérieur de l'instruction publique. B. p. 1257.

Art. 1er. Les lycées comprennent deux divisions : la division de grammaire, commune à tous les élèves, et la division supérieure, où les lettres et les sciences forment la base de deux enseignements distincts.

Art. 2. Après un examen constatant qu'ils sont en état de suivre les classes, les élèves sont admis dans la division de grammaire qui embrasse les trois années de sixième, cinquième et de quatrième. Chacune de ces trois années est consacrée sous la direction du même professeur:

1° A l'étude des grammaires française, latine et grecque; 2° à l'étude de la géographie et de l'histoire de France.

L'arithmétique est enseignée, en quatrième, une fois par semaine.

Art. 3. La division supérieure est divisée en deux sections :

L'enseignement de la première section a pour objet la culture littéraire et ouvre l'accès des facultés des lettres et des facultés de droit.

L'enseignement de la seconde section prépare aux professions commerciales et industrielles, aux écoles spéciales, aux facultés des sciences et de médecine. — Les études littéraires et historiques embrassent, comme par le passé, les classes de troisième, de seconde et de rhétorique. — Les études scientifiques ont lieu pendant trois années correspondantes. — Les langues vivantes sont enseignées pendant les trois années dans les deux sections. — Une dernière année, dite *de logique*, obligatoire pour les deux catégories d'élèves, a particulièrement pour objet l'exposition des opérations de l'entendement et l'application des principes généraux de l'art de penser à l'étude des sciences et des lettres.

Art. 4. Des conférences sur la religion et sur la morale correspondant aux différentes divisions, sont faites par l'aumônier ou sous sa direction.

Des mesures analogues sont prescrites pour les élèves des cultes non catholiques reconnus.

Des maîtres répétiteurs sont substitués aux maîtres d'études des lycées.

1853. 17 août. — Décret y relatif. B. p. 333.

Augmentation des traitements des instituteurs communaux. — Indemnités aux professeurs.

La loi précitée, du 15 mars 1850, a élevé à 600 fr. le minimum du traitement et revenu scolaire des instituteurs communaux.

Un décret du 31 décembre 1853 fixe à 500 fr. le minimum du même traitement des instituteurs suppléants de première classe, et de ceux de deuxième classe, à 400 fr. L'art. 5 du même décret porte :

« Sur la proposition du recteur de l'Académie, une allocation supplémentaire peut être accordée par le ministre de l'instruction publique aux instituteurs communaux qui l'auront méritée par leurs bons services. Cette allocation est calculée de manière à élever à 700 fr. après cinq ans, et à 800 fr. après dix ans, le revenu scolaire; elle peut être annuellement renouvelée si l'instituteur continue à s'en rendre digne. »

1853. 31 décembre. — Décret concernant les écoles primaires. B. 1854, p. 22.

1856. 27 décembre. — Décision impériale qui accorde, pour l'année 1857, une indemnité aux professeurs adjoints et aux chargés de cours dans les lycées impériaux. B. de 1857, p. 23.

Pensions de retraite.— Traitements de réforme.— Caisses d'épargne et de
prévoyance en faveur des instituteurs communaux.

1850. 29 août.— Décret relatif aux pensions de retraite des fonctionnaires
de l'instruction publique. B. p. 433.

1851. 19 décembre.— Décrets sur le traitement de réforme et ouvrant un
crédit de 30,000 fr. en faveur des fonctionnaires et agents que l'administration
de l'instruction publique ne peut employer ni conserver dans ses cadres. B. p.
1248 et 1249.

1853. 29 décembre.— Décret relatif aux caisses d'épargne et de prévoyance
des instituteurs communaux. B. de 1854, p. 19.

Suppression du certificat d'études antérieurement exigé des aspirants au
diplôme de bachelier ès-lettres.

1849 16 novembre.— Décret y relatif. B. p. 529.

« C'est un acte, dit le rapport qui le précède, favorable à la liberté
des pères de famille, et cette suppression, qui a reçu l'adhésion du Conseil
de l'Université, est conforme au principe de la liberté de l'enseignement. »

Création de bourses et demi-bourses dans des colléges.

1849. 3 août.— Décrets divers y relatifs. B. p. 424.

1852. 7 février.— Décret relatif à la concession des bourses nationales,
départementales et communales. B. p. 536.

Les dénominations de Louis le Grand, Napoléon et Saint-Louis sont rendues
aux lycées Descartes, Corneille et Monge.

Le *Moniteur* du 15 août 1849, en annonçant cet acte, disait :

« Tout le monde appréciera cette mesure, également conforme aux
vœux des élèves et des familles. Elle n'a d'autre but que de rendre à
l'histoire et à des traditions glorieusement consacrées ce qui leur appartient, en écartant toutes les préoccupations politiques du frontispice
même de ces établissements où elles ne doivent pas pénétrer. »

Création de nouvelles écoles et chaires.

1852. 12 août.— Décret qui crée une école préparatoire de médecine et de
pharmacie dans la ville de Lille. B. p. 447.

1853. 11 janvier.— Décret qui crée une nouvelle chaire au Collége de
France. B. p. 264.

1855. 30 mars et 22 septembre.—Décrets qui créent une école préparatoire
à l'enseignement supérieur des sciences et des lettres à Nantes, Rouen et Mulhouse. B. p. 843 et 417 (2ᵉ sem.).

1856. 16 octobre — Décret qui crée une école *id., id.* à Moulins. B. p. 878.

— 1ᵉʳ juillet. — Décret qui crée une chaire spéciale de zoologie à l'École supérieure de pharmacie de Paris. B. p. 215.

École de 300 élèves rouverte à Paris aux frais de l'Empereur.

Entre tant d'actes, du même genre, dus à la munificence impériale,
nous sommes heureux de pouvoir citer le suivant, que nous extrayons
du *Bulletin officiel de l'instruction primaire* (mars 1857) :

Une école paroissiale de garçons du 8ᵉ arrondissement avait été, depuis
six ans, fondée et entretenue par l'Œuvre des apprentis, école qui reçoit
chaque soir près de 300 élèves, et l'Œuvre se trouvait, par suite de différentes circonstances, dans l'impossibilité de continuer à subvenir aux
frais d'entretien de cette école.

M. le préfet de police, ayant fait connaître à l'Empereur cet état de
choses, a adressé au maire du 8ᵉ arrondissement une lettre dont nous
reproduisons l'extrait ci-après :

« Sa Majesté a saisi avec empressement cette occasion de donner un nouveau gage de sa sollicitude paternelle pour la grande famille des ouvriers. Le bienfait de l'instruction sera rendu et assuré, pour l'avenir, à la jeunesse de votre quartier. L'Empereur a décidé que l'école serait rouverte, et a déclaré vouloir se charger de toutes les dépenses nécessaires pour cela. Cet établissement sera placé, en outre, sous le patronage de S. A. le Prince Impérial, et recevra ainsi un caractère de durée digne de son but civilisateur et de son influence moralisatrice. »

VI. — ACTES RENDUS EN FAVEUR DE NOS COLONIES ET DE L'ALGÉRIE.

(a). COLONIES. — *Leur organisation administrative et religieuse; application aux colonies de certaines lois de la métropole.*

Dès le mois de novembre 1849, une commission était nommée avec mission de reprendre et de développer l'œuvre d'organisation coloniale élaborée par l'ancienne commission d'émancipation (M. 24 nov. 1849). Les travaux de cette commission ont amené successivement les actes ci-après :

1850. 2 décembre. — Décret relatif à l'établissement d'évêchés dans les colonies de la Martinique, de la Guadeloupe et de l'île de la Réunion. B. de 1851, p. 21. — 7 décembre. — Loi relative à la promulgation du code de commerce dans les colonies. B. p. 735.

1852. 20 février et 30 avril. — Décrets sur la presse aux colonies. B. p. 548 et 1269. — 4 septembre. — Décret relatif à l'application du régime des livrets institué par le décret du 13 février 1852, sur le travail aux colonies. B. p. 542.

1853. 15 janvier. — Décret portant application de diverses lois aux colonies, B. p. 421.

1854. 16 janvier et 9 août. — Décrets portant règlement sur l'assistance judiciaire à la Martinique, à la Guadeloupe, à la Réunion et au Sénégal. B. p. 399 et p. 225 (2° sem.). — 16 août. — Décret portant organisation du service judiciaire à la Martinique, à la Guadeloupe et à la Réunion. B. p. 287.

1855. 24 février et 10 mars. — Sénatus-Consultes et Décret qui rendent exécutoires à la Martinique, à la Guadeloupe et à la Réunion, les lois des 30 et 31 mai 1854, sur l'exécution de la peine des travaux forcés et sur l'abolition de la mort civile. B. p. 297, 298 et 410. — 29 août. — Décret qui modifie l'organisation du gouvernement et de l'administration de la Martinique, de la Guadeloupe et de la Réunion. B. p. 359.

1856. 3 mai. — Sénatus-Consulte sur l'expropriation, pour cause d'utilité publique, à la Martinique, à la Guadeloupe et à la Réunion. B. p. 589. — 7 juillet. — Sénatus-Consulte sur la transcription en matière hypothécaire, à la Martinique, à la Guadeloupe et à la Réunion. B. p. 1. — 15 septembre. — Décret portant que la loi du 27 novembre 1849, relative au délit de coalition, est rendue exécutoire à la Guyane française, dans les établissements français de l'Inde, au Sénégal, etc. B. p. 797.

Encouragements donnés à l'introduction, aux colonies, de travailleurs européens et autres.

Un crédit de 100,000 fr. avait été ouvert, dès 1849, au département de la marine, pour favoriser, à titre d'essai, l'introduction aux colonies de travailleurs européens. Plus tard, les décrets ci-après furent rendus par ces motifs : « qu'il était utile d'encourager l'immigration des travailleurs dans les colonies et que le devoir du gouvernement était de favoriser toutes les tentatives sérieusement conçues, qui avaient pour but d'augmenter la population agricole et d'améliorer les conditions du travail aux colonies; que les heureux résultats obtenus de l'introduction de travailleurs asiatiques à l'île de la Réunion, depuis l'abolition de l'esclavage, rendaient désirable l'extension de ce recrutement aux colonies d'Amérique. »

1852. 13 février.— Décret relatif à l'immigration de travailleurs dans les colonies, aux engagements de travail et aux obligations des travailleurs et de ceux qui les emploient, à la police rurale et à la répression du vagabondage. B. p. 540. — 27 mars. — Décret sur l'immigration d'Indiens aux colonies françaises d'Amérique. B. p. 1026. — 27 mars. — Décret sur l'émigration d'Europe et hors d'Europe à destination des colonies françaises. B. p. 1018.

1855. 15 janvier et 28 avril. — Décrets relatifs à l'émigration européenne. B. p. 153 et 813.

1856. 26 janvier. — Décret qui ouvre, sur l'exercice 1856, un crédit de 80,000 fr. pour les dépenses du service de l'émigration européenne. B. p. 246.

Création de Banques aux colonies

1851. 11 juillet. — Loi sur les banques coloniales. B. p. 117.

1853. 21 décembre. — Décret qui fonde au Sénégal une banque de prêt et d'escompte. B. de 1854, p. 85.

1854. 1er février. — Décret qui constitue la banque de la Guyane française. B. p. 632.

Six millions d'indemnité sont accordés aux colons par suite de l'affranchissement des esclaves.

1849. 30 avril.— Loi y relative. B. p. 405.

Réparation des dégâts causés à l'Ile de la Réunion par l'ouragan et l'inondation du 28 février 1850.

1850. 3 juin. — Loi qui ouvre à cet effet un crédit extraordinaire de 100,000 fr. B. p. 627. — 7 août.— Loi qui ouvre un nouveau crédit de 79,330 fr. B. p. 314.

1851. 12 juillet.— Loi qui ouvre, dans le même but, un crédit de 170,000 fr. B. p. 64.

Mesures d'ordre; organisation de la gendarmerie aux colonies.

1851. 12 novembre. — Décret qui crée, pour le service de l'Océanie, un détachement de gendarmerie à pied. B. p. 948.

1852. 20 janvier. — Décret sur l'organisation de la gendarmerie de la Guyane française. B. p. 172.

1854. 11 janvier. — Décret relatif à l'organisation de la gendarmerie coloniale. B. p. 102. — 30 septembre. — Décret qui crée, pour le service du Sénégal, un détachement de gendarmerie à pied. B. p. 558.

Établissement de nouvelles voies de correspondance.

1853. 3 mai.—Loi relative à l'échange des correspondances entre la France et ses colonies. B. p. 617.— 21 novembre. — Décret relatif à l'échange des correspondances entre la France et la Guyane française et les îles Saint-Pierre et Miquelon, par la voie de l'Angleterre. B. p. 999.

1855. 29 décembre. — Décret relatif à l'échange des correspondances entre la France et les colonies françaises, par la voie d'Angleterre. B. p. 19 (1er sem. de 1856.)

(*b.*) ALGÉRIE. — *Actes sur son organisation et sur sa division territoriale; application à l'Algérie de plusieurs lois françaises.*

Un décret du 2 avril 1850 instituait, auprès du ministère de la guerre, un comité consultatif de l'Algérie, appelé à examiner et discuter tous les projets de loi, décrets et règlements, comme aussi à donner son avis sur toutes les questions et affaires administratives, renvoyées à son examen.

Nous rappellerons ci-après, d'une manière sommaire et dans leur ordre de date, les principaux actes rendus dans la vue d'organiser les pouvoirs administratifs et judiciaires de l'Algérie, de développer et assurer cette grande œuvre de sa colonisation, en même temps que celle de sa civilisation.

1851. 25 avril. — Décret concernant les interprètes judiciaires en Algérie. B. p. 552.

1852. 19 mars. — Décret qui rend applicable à l'Algérie la loi du 10 décembre 1850, relative au mariage des indigents. B. p. 873.

1854. 19 août. — Décret portant organisation de la justice en Algérie. B. p 191.

1855. 18 juillet. — Décret qui prescrit la promulgation, en Algérie, de l'art. 1er de la loi du 26 mars 1855, modifiant le § 5 de l'art. 781 du Code de procédure civile, et de la loi du 2 mai 1855, sur les justices de paix. B. p. 83.

1856. 30 décembre. — Décret sur la décentralisation administrative en Algérie. B. de 1857, p. 26. — 31 décembre. — Rapport sur l'extension des institutions municipales en Algérie et décret y créant de nouvelles communes. B. p. 73 et 91.

Encouragements donnés aux colonies agricoles. — Concessions de terre. — Constitution de la propriété en Algérie.

M. le ministre de la guerre décidait, en mars 1849, l'envoi immédiat en Algérie de 400 colons, dont 200 pris à Paris, et 200 à Lyon (*Mon.* 2 mars 1849). Et une loi du 19 mai suivant consacrait un crédit de 5 millions à ces colonies agricoles.

1850. 20 juillet. — Loi y relative. B. p. 173.

1851. 26 avril. — Décret relatif aux concessions en Algérie. B. p. 763. — 16 juin. — Loi sur la constitution de la propriété en Algérie. B. p. 695. — 10 juillet. — Loi qui ouvre un crédit, sur l'exercice 1851, pour la continuation des colonies agricoles commencées, en 1849, en Algérie. B. p. 42. — 8 décembre. — Décret qui ouvre un crédit pour les dépenses des colonies agricoles de l'Algérie. B. p. 1073.

Mesures prises dans l'intérêt du commerce et de l'agriculture en Algérie.

1849. 10 novembre. — Décret abrogeant l'arrêté du 4 novembre 1848, relatif à l'intérêt de l'argent en Algérie.

Cet arrêté, qui avait eu pour but de diminuer l'intérêt de l'argent, dans ce pays, avait eu précisément un résultat opposé. Le commerce et la colonisation ne pouvaient plus se procurer de capitaux, ou ceux qu'ils parvenaient à se faire prêter leur étaient livrés à des prix exorbitants, par des personnes qui se faisaient nécessairement payer les peines ou la honte qu'elles avaient à braver.

Le présent Décret, en rétablissant la concurrence, a ramené le cours des capitaux qui s'était établi entre la France et l'Algérie; il a fait de nouveau descendre l'intérêt à un taux qui a facilité les transactions du commerce et les travaux de la colonisation. (*M.* 24 nov. 1849).

1850. 5 juin. — Décret rendant applicable à l'Algérie la loi du 5 juillet 1844 sur les brevets d'invention (*M.* 7 juillet). — 6 octobre. — Décret y créant des chambres consultatives d'agriculture (*M.* 10 octobre).

1851. 11 janvier. — Loi réglant le régime commercial de l'Algérie. B. p. 61. — 20 janvier. — Décret relatif aux chambres de commerce de l'Algérie. B. p. 149.

1853. 16 octobre. — Décret sur la culture du coton en Algérie. B. p. 855.

1854. 12 août. — Décret sur l'organisation du service sanitaire. B. p. 265.

1856. 11 août. — Décret relatif aux rapports commerciaux de l'Algérie avec le Maroc et la Régence de Tunis. B. p. 806.

Création de banques en Algérie.

1851. 4 août. — Loi relative à la fondation d'une banque à Alger. B. p. 185.

1853. 14 août. — Décret qui autorise la banque d'Alger à établir une succursale à Oran. B. p. 302.

Actes en faveur de l'enseignement public.

1849. 20 janvier. — Arrêté instituant une commission chargée de proposer les moyens de propager en Algérie la langue arabe parmi les européens, et la langue française parmi les indigènes (*M.* 25 janvier).

1850. 14 juillet. — Décret sur les écoles musulmanes françaises. (*M.* 19 juillet). Ce Décret porte :

Art 1er. Il est établi dans chacune des villes d'Alger, Constantine, Bone, Oran, Blidah, Mostaganem, une école primaire pour le double enseignement de l'arabe et du français aux enfants musulmans.

Art. 2. L'enseignement primaire est gratuit.

Il comprend : la lecture et l'écriture de l'arabe ; les éléments de la langue française, la lecture et l'écriture du français ; les éléments du calcul et le système légal des poids et mesures.

Art. 7. Il est établi une école primaire de jeunes filles musulmanes dans les villes d'Alger, Constantine, Oran et Bone.

Art. 8. L'instruction est gratuite ; elle comprend, en outre des éléments d'instruction indiqués ci-dessus, les travaux à l'aiguille.

Nous ne croyons pouvoir mieux terminer cet aperçu très-sommaire des actes rendus en faveur de l'Algérie, que par l'extrait ci-après de l'un des derniers Messages du Chef de l'État :

« L'armée, après avoir vaincu les Arabes, s'est appliquée à les civiliser en modifiant leurs habitudes sociales. Ainsi, sous l'inspiration de nos officiers, on a vu apparaître à la fois tout ce qui révèle le progrès le mieux constaté : édifices, maisons nombreuses, plantations considérables, cultures nouvelles, barrages et ponts sur les rivières, caravansérais sur les voies de communication ; l'instruction publique organisée, l'art de guérir introduit chez ces populations décimées par les maladies.

» Si le fanatisme des passions n'est pas désarmé encore, déjà néanmoins se forme parmi les Arabes un parti sage pour apprécier leurs véritables intérêts et pour seconder nos efforts. »

VII. — ACTES RENDUS DANS UN INTÉRÊT GÉNÉRAL.

(a). RÉFORMES AUX LOIS CONSTITUTIVES.

Le plébiscite du 2 décembre 1851 et la proclamation du 14 janvier suivant résument parfaitement la nouvelle constitution de la France ; ils en exposent les principales dispositions. Nos lecteurs les trouveront au § I, pages 23 et 25. Le sénatus-consulte du 7 novembre et le décret du 9 décembre 1852, qui ont rétabli la dignité impériale et son hérédité dans la descendance de LOUIS-NAPOLÉON BONAPARTE, maintiennent la constitution du 14 janvier précédent dans celles de ses dispositions en rapport avec cette nouvelle forme du gouvernement, et le sénatus-consulte du 25 décembre de la même année, promulgué le 30, n'a fait qu'interpréter et modifier cette constitution pour l'approprier plus complétement à l'Empire, mais sans altérer en rien ses bases fondamentales, dont la plus importante est le *rétablissement du suffrage universel.*

Par l'article 12 du décret organique pour le Corps législatif, du 2 fé·
vrier 1852 (B. p. 249) : « Sont électeurs, sans condition de cens, tous les
Français, âgés de 21 ans accomplis, jouissant de leurs droits civils et politiques. » — Par l'article 26 : « Sont éligibles, sans condition de domicile, tous les électeurs âgés de 25 ans. »

(*b*). RÉFORMES JUDICIAIRES. — *La peine de mort remplacée par la déportation.*
1850. 8 juin. — Loi y relative. B. p. 667.

Abolition de la mort civile.
1854. 31 mai. — Loi y relative. B. p. 1459.

*Les travaux forcés dans les bagnes remplacés par des travaux de
colonisation.*
1854. 30 mai. — Loi y relative. B. p. 1439.
1855. 5 décembre. — Décret relatif à la transportation. B. p. 741.

Réhabilitation des condamnés.
1852. 3 juillet. — Loi y relative. B. p. 1.

Nouvelles garanties dans la composition du jury.
1853. 4 juin. — Loi y relative. B. p. 913.

Réforme dans les justices de paix.
1855. 2 mai. — Loi qui modifie celles des 25 mai 1838 et 20 mai 1854, sur
les justices de paix. B. p. 733.

Éducation morale, religieuse et professionnelle assurée aux jeunes détenus.
1850. 5 août. — Loi y relative. B. p. 249.

Réorganisation du travail dans les prisons.
1852. 25 février. — Décret y relatif. B. p. 659.

Aggravation de peines contre le délit d'usure.
1850. 19 décembre. — Loi y relative. B. p. 755.

(*c*). RÉFORMES ADMINISTRATIVES. — *Décentralisation administrative.*
1852. 25 mars. — Décret y relatif. B. p. 821.

Se fondant sur les considérants ci-après : « Que, depuis la chute de
l'Empire, des abus et des exagérations de tout genre ont dénaturé le principe de notre centralisation administrative, en substituant à l'action
prompte des autorités locales les lentes formalités de l'administration
centrale ; — qu'on peut gouverner de loin, mais qu'on n'administre bien
que de près ; qu'en conséquence, autant il importe de centraliser l'action
gouvernementale de l'État, autant il est nécessaire de décentraliser l'action purement administrative, » ce décret porte, article 1ᵉʳ : « Les Préfets continueront de soumettre à la décision du Ministre de l'intérieur
les affaires départementales et communales qui affectent directement
l'intérêt général de l'État, mais ils statueront désormais sur toutes les
autres affaires départementales et communales qui, jusqu'à ce jour, exi-
geaient la décision du Chef de l'État ou du Ministre de l'intérieur. »

*Sur l'admission et l'avancement dans les fonctions publiques. — Pensions
civiles. — 5 millions destinés à l'augmentation des petits traitements.*
1850. 5 juillet. — Loi y relative. B. p. 19.

Cette loi porte : Article 1°. Des règlements d'administration publique
détermineront les conditions d'admission et d'avancement.

Art. 2. Dans tous les services publics qui le permettront, il sera réservé une proportion déterminée de fonctions, emplois et gestions aux anciens militaires des armées de terre et de mer ayant contracté un ou plusieurs réengagements, et aux marins et ouvriers des arsenaux portés depuis plus de 15 ans sur les registres de l'inscription maritime.

La condition d'un ou de plusieurs réengagements, ou de 15 années d'inscription maritime ne sera pas exigée à l'égard des militaires, marins et ouvriers qui auraient été réformés pour infirmités ou blessures.

Art. 3. Les règlements à intervenir détermineront les emplois auxquels pourront être appelés : 1° les fonctionnaires et employés réformés dans les divers services publics par suite de suppression d'emploi ; 2° les employés et agents des anciennes listes civiles.

1855. 25 juillet. — Décret relatif à l'avancement des préfets, sous-préfets et conseillers de préfecture. B. p. 258.

1853. 9 juin. — Loi sur les pensions civiles. B. p. 985.

— Voir, pour *l'augmentation des traitements*, le Discours de S. M., ci-dessus, p. 40.

Inspections des préfectures, et de toutes les parties de l'Empire, dans la vue de s'assurer des besoins du pays.

1853. 2 février. — Décret relatif à l'inspection des préfectures. B. p. 317.

— 5 mars. — Décret portant que plusieurs hauts fonctionnaires seront chargés de visiter toutes les parties de l'Empire. B. p. 431.

Mesures en faveur de la sûreté et de la santé publiques.

1852. 28 mars. — Décret augmentant les commissariats de police. B. p. 958.

— 11 décembre. — Décret créant la Garde de Paris. B. de 1853, p. 48.

1853. 21 juin. — Décret qui établit, au ministère de l'intérieur, une direction de la sûreté générale. B. 2ᵉ sem. p. 102.

1856. 23 octobre. Décret relatif à l'organisation du Comité consultatif d'hygiène publique. B. p. 1216.

Autres réformes d'intérêt général.

1852. 6 mai. — Loi sur la refonte des monnaies de cuivre. B. p 1253. — 28 mars. — Décret qui exempte du droit de timbre les journaux et écrits exclusivement relatifs aux lettres, aux sciences, aux arts et à l'agriculture. B. p. 868.

1854. 8 avril. — Décret sur le droit de propriété garanti aux veuves et aux enfants des auteurs, des compositeurs et des artistes. B. p. 869.

(d) ACTES ET TRAITÉS POLITIQUES.

1849. — Médiation de la France et de l'Angleterre à l'occasion de la guerre entre l'Autriche et le Piémont. Le gouvernement français déclare qu'il maintiendra l'intégrité du territoire piémontais, qui couvre une partie de nos frontières ; d'un autre côté il s'efforce de modérer les exigences de l'Autriche. — Révolution à Rome ; le Pape est obligé de quitter sa capitale ; le gouvernement français ordonne l'expédition de Civita-Vecchia. — Révolte des populations des duchés de Holstein et Schleswig contre le Danemark : médiation de la France, de concert avec l'Angleterre, la Russie et la Suède. (Message du 7 juin.)

1850. — Les troupes françaises remettent Pie IX sur le trône de Saint-Pierre. — Une demande d'extradition de sujets polonais et hongrois, adressée à la Porte par la Russie et l'Autriche, donne lieu de notre part, et de concert avec l'Angleterre, à l'envoi de forces navales dans le Levant afin de garantir l'indépendance de l'empire ottoman. — Conférences ouvertes à Londres, à l'effet de sauvegarder l'intégrité des États du roi de Danemark. (Message du 12 novembre 1850.)

1851. — Notre intervention à Constantinople pour la protection des intérêts religieux. — De concert avec l'Angleterre, nous offrons à l'Espagne le concours de nos forces navales, afin de repousser la criminelle attaque dirigée par des aventuriers contre l'île de Cuba. (Message du 4 novembre 1851).

1853. — La Turquie réclame notre appui contre la Russie ; sa cause nous paraît juste ; les escadres anglaise et française reçoivent l'ordre de mouiller dans le Bosphore. Les coups de canon de Sinope retentissent douloureusement dans le cœur de tous ceux qui, en Angleterre et en France, ont un vif sentiment de la dignité nationale. De là l'ordre donné à nos escadres d'entrer dans la mer Noire, et d'empêcher par la force le retour d'un semblable événement. (Lettre de Napoléon III à l'empereur de Russie, du 29 janvier 1854.)

1854. — Guerre de concert avec l'Angleterre contre la Russie ; — Convention d'alliance avec l'Angleterre, du 10 avril ; — Traité d'alliance entre la France, la Grande-Bretagne et la Turquie, du 22 mai ; — Traité défensif du 2 décembre avec l'Autriche, unissant sa cause à celle de la France et de l'Angleterre. (Message du 26 décembre.)

1855. — Traité d'alliance du 26 janvier avec la Sardaigne, dont l'armée se joint à celles de la France, de l'Angleterre et de la Turquie contre la Russie. — La Suède se lie plus étroitement à l'Angleterre et à la France par le traité du 21 novembre, qui garantit l'intégrité de son territoire. (Message du 3 mars 1856.)

1856. — A la suite de la prise de Sébastopol, le congrès de Paris se réunit et signe le traité de Paix du 30 mars 1856. Par ce traité, l'empereur de Russie et le Sultan se restituent réciproquement les parties de territoire de chacun d'eux, possédées ou occupées par leurs armées respectives ; la Turquie est admise à participer aux avantages du droit public et du concert européens ; l'indépendance et l'intégrité du territoire ottoman sont garantis ; la mer Noire est neutralisée : ouverts à la marine marchande de toutes les nations, ses eaux et ses ports sont interdits à perpétuité aux bâtiments de guerre étrangers ; la Russie et la Turquie limitent réciproquement leurs forces maritimes dans la mer Noire ; la libre navigation du Danube est assurée ; la Russie cède une portion de son territoire pour être annexée à la Moldavie, sous la suzeraineté du Sultan ; une administration indépendante et nationale, ainsi que l'entière liberté de culte, de législation, de commerce et de navigation sont assurées aux principautés de Valachie, de Moldavie et de Servie ; l'empereur de Russie s'interdit de fortifier les îles d'Aland et d'y maintenir ou créer aucun établissement militaire ou naval. — Les parties contractantes s'engagent, en outre, en cas de dissentiment et avant d'en venir à l'emploi de la force, à recourir, afin de prévenir cette extrémité, à leur action médiatrice (1). — Enfin, une déclaration, signée en même temps que le traité du 30 mars, consacre les divers points du droit maritime ci-après : La course est abolie ; le pavillon neutre couvre la marchandise ennemie, à l'exception de la contrebande de guerre ; la marchandise neutre, à l'exception de la contrebande de guerre, n'est pas

(1) Ce grand principe, qui assure autant que possible le maintien de la paix, a été accepté depuis par la majeure partie des autres puissances.

saisissable sous pavillon ennemi; les blocus, pour être obligatoires, doivent être maintenus par une force suffisante (1).

Traités internationaux pour la garantie réciproque de la propriété littéraire.

1851. 10 février. B. p. 221. — avec la Sardaigne. — 27 août. B. p. 333. — avec le Portugal, les marques de fabrique comprises.

1852. 16 janvier. B. p. 73. — avec le Hanovre. — 22 janvier. B. p. 97. — avec la Grande-Bretagne. — 19 octobre. B. p. 633. — avec le duché de Brunswick. — 23 novembre. B. p. 795. — avec le grand-duché de Hesse. — 23 novembre. B. p. 795. — Avec le landgraviat de Hesse-Hombourg.

1853. 15 mars. B. p. 369. — avec la Toscane. — 27 avril. B. p. 603. — avec le duché de Nassau. — 29 avril et 10 juin. B. p. 627 et 1209. — avec les principautés de Reuss. — 27 juin. B. p. 1301. — avec le grand-duché de Saxe-Weimar-Eisenach. — 25 août. B. p. 481. — avec l'Electorat de Hesse. — 30 novembre. B. p. 993. — avec le grand-duché d'Oldenbourg.

1854. 4 février. B. p. 167. — avec l'Espagne. — 9 et 24 février. B. p. 301 et 551. — avec les principautés de Schwarzbourg. — 13 avril. B. p. 889, 905 et 916. — avec la Belgique. — 27 avril. B. p. 1153. — avec la principauté de Waldeck. — 30 mai. B. p. 1475. — avec le grand-duché de Bade.

1855. 10 août. B. p. 243. — avec les Pays-Bas.

1856. 13 juin. B. p. 809. — avec la Saxe. — 8 juillet. B. p. 246. — avec la ville libre de Hambourg. — 1er déc. B. p. 965. — avec le Gr.-duché de Luxembourg.

Traités d'extradition des malfaiteurs.

1850. 28 avril. B. 1851, p. 145. — avec la Saxe. — 26 août. B. 1851, p. 363. — avec l'Espagne. — 9 avril. B. 1852 (2e sem.), p. 337. — avec la Nouv.-Grenade.

1851. 3 septembre. B. p. 477. — avec la ville libre de Hambourg.

1853. 10 mars. B. p. 353. — avec le Wurtemberg. — 22 mars B. p. 409. — avec le grand-duché de Hesse. — 24 mai. B. p. 687. — avec la ville libre de Francfort. — 30 juin. B. p. 1317. — avec le landgraviat de Hesse. — 18 août. B. p. 273. — avec le duché de Nassau. — 15 septembre. B. p. 485. — avec le royaume des Deux-Siciles relativement aux matelots déserteurs.

1854. 28 juin. B. p. 1771. — avec la principauté de Lippe. — 4 juillet et 5 décembre. B. p. 17 et 849. — avec l'Angleterre. — 4 août. B. p. 173. — avec la Bavière. — 8 novembre. B. p. 609. — avec le Portugal. — 8 novembre. B. p. 613. — avec l'Electorat de Hesse. — 24 novembre. B. p. 785. — avec la principauté de Waldeck et Pyrmont.

1855. 19 juin. B. p. 1281. — avec le Hanovre.

1856. 2 février. B. p. 185. — avec l'Autriche. — 17 mai. B. p. 689. — Avec la Suède pour les matelots déserteurs. — 26 mai. B p. 764. — avec la République de Venezuela. — 15 octobre. B. p. 813. — avec la Belgique.

1857. 24 janvier. B. p. 113. — avec les États de Parme.

Autres traités : consulaires, sanitaires, etc.

1852. 13 avril. — Avec la Sardaigne, pour régler les droits, priviléges et immunités consulaires dans les deux pays. B. p. 1125.

1853. 11 septembre. — Convention consulaire avec les États-Unis d'Amérique. B. p. 419. — 27 mai. — Convention sanitaire avec la Sardaigne et diverses autres puissances maritimes. B. p. 735.

1849. 15 octobre. — Promulgation du 19e article supplémentaire à la convention du 31 mars 1831, pour le règlement de la navigation du Rhin. B. p. 369.

1852. 9 octobre. — *Id.* du 20e article de la même convention. B. p. 565.

1849. 19 juin. — Traité avec les îles Sandwich. B. p. 629.

1854. 20 décembre. — Convention relative au remboursement de l'emprunt de 1825, avec Haïti. B. p. 945.

(1) Toutes les puissances maritimes ont aujourd'hui adhéré à cette importante déclaration, à l'exception des Etats-Unis.

(e) RÉPARATIONS DE TORTS CAUSÉS PAR LES PRÉCÉDENTS GOUVERNEMENTS.

Exécution des dispositions testamentaires de l'Empereur Napoléon Ier.

1855. 2 juin. — Décret ouvrant, à cet effet, un crédit de 8 millions. B. p. 1456.

En faveur de magistrats et hauts fonctionnaires.

1849. 10 août. — Décret levant les suspensions prononcées par le Gouvernement provisoire contre divers magistrats inamovibles de l'ordre judiciaire. B. p. 172.

1850. 2 février. — Loi réintégrant dans leurs fonctions des magistrats de la Cour des Comptes révoqués par le décret du 1er mai 1848. B. p. 81.

1852. 25 mars. — Décret portant qu'il pourra être accordé des pensions et indemnités temporaires aux membres non replacés de l'ancien Conseil d'État. B. p. 829.

En faveur de membres de la famille d'Orléans.

1849. 16 octobre. — Loi rendant à Mme la duchesse d'Orléans le douaire qui lui avait été alloué par la loi du 7 mai 1837. B. p. 353.

1856. 10 juillet. — Loi autorisant l'inscription, sur le grand-livre de la Dette publique, de trois rentes au nom 1° des héritiers de la Reine des Belges; 2° de Mme la duchesse de Saxe-Cobourg-Gotha ; 3° des héritiers de Mme la duchesse de Wurtemberg. B. p. 146.

En faveur des anciens fonctionnaires de la Liste civile du dernier règne.

1852. 8 juillet. — Loi affectant un fonds annuel de 320,000 fr. au paiement d'indemnités viagères de retraite au profit des employés et agents de la dernière Liste civile, avec reversibilité sur la tête des veuves et enfants. B. p. 56.

En faveur des anciens émigrés.

1849. 6 août. — Décret nommant les membres de la Commission instituée par l'ordonnance du 25 octobre 1815 pour la remise aux anciens émigrés de leurs biens non vendus. B. p. 215.

(f) AMNISTIES.

En faveur des condamnés politiques.

À l'occasion de son mariage, l'Empereur gracie 4312 condamnés politiques. (Décret du 4 février 1853.)

Remises de peines pour délits de la presse, des gardes nationales, de chasse, de pêche, de douane, de contributions indirectes, de forêts, de grande voirie, de police du roulage, etc.

(Décrets des 1er et 2 décembre 1852; — des 16, 17 et 20 mars, 10 mai et 12 juin 1856.) — Voir en outre, pour Amnisties en faveur des *déserteurs*, § II, page 45.

VIII. — COUP D'OEIL SUR LES DÉCISIONS IMPÉRIALES PRISES PAR SA MAJESTÉ L'IMPÉRATRICE EN FAVEUR DES CLASSES LABORIEUSES OU NÉCESSITEUSES.

Nous répéterons ici ce que nous disions au sujet des *Secours et dons accordés par l'Empereur* (Voir § III, p. 51). Nous ne saurions prétendre énumérer complétement la série des libéralités dues à S. M. l'Impératrice. Mais, du moins, nous rappellerons les principaux de ces actes de sa haute sollicitude pour les classes nécessiteuses, consignés au *Moniteur*.

600,000 fr. sont abandonnés par l'Impératrice pour la fondation d'un établissement d'éducation professionnelle en faveur de jeunes filles pauvres.

Le conseil municipal de Paris avait voté une somme de 600,000 francs pour l'achat d'une parure en diamants, dont la Ville voulait faire hommage à la future Impératrice. Celle-ci refuse, et exprime le désir que cette somme soit employée en actes de charité. (Lettre du 28 janvier 1853 au préfet de la Seine.) Pour se conformer à ce vœu, le conseil municipal décide que les 600,000 fr. seront employés à la fondation d'un établissement où de jeunes filles pauvres recevront une éducation professionnelle, et d'où elles ne sortiront que pour être convenablement placées. Cet établissement portera le nom et sera placé sous la protection de l'Impératrice (*Monit.*, 29 janvier 1853).

Les Sociétés de charité maternelle sont placées sous la présidence et la protection de l'Impératrice.

1853. 2 février. — Décret y relatif. B. p. 345.

Destination affectée par l'Impératrice, à 250,000 fr. placés dans sa corbeille de mariage.

Parmi les objets composant la corbeille de mariage de l'Impératrice, l'Empereur avait fait placer, au lieu de la bourse d'usage, un portefeuille renfermant 250,000 fr. L'Impératrice a voulu que cette somme fût entièrement consacrée à des œuvres de charité. Par ses ordres, 100,000 fr. seront répartis entre les sociétés maternelles, qui ont pour but de secourir les pauvres femmes en couche, de pourvoir à leurs besoins et à l'allaitement de leurs enfants, et qui viennent d'être placées sous l'auguste patronage de S. M.; 150,000 fr. serviront à fonder de nouveaux lits à l'hospice des Incurables, en faveur des pauvres infirmes des deux sexes et dont la désignation appartiendra à l'Impératrice. (*M.* 3 févr. 1853.)

En 1853, le nombre des pauvres mères secourues a été de 10,504. Le nombre des sociétés de charité maternelle s'est élevé à 56, grâce à l'initiative et à la protection de l'Impératrice. Leurs recettes ont été de 625,780 fr. (dont 100,000 fr. donnés par S. M.). Les secours accordés se sont élevés à 445,386 fr. (Rapport du ministre de l'intérieur. *M.* 2 févr. 1855.)

Les salles d'asile sont placées sous la protection de l'Impératrice.

1854. 16 mai. — Décret y relatif. B., p. 1573. — Décret qui institue un comité central de patronage pour la propagation et la surveillance des salles d'asile. B. p. 1574.

Nous extrayons du rapport adressé à Sa Majesté l'Impératrice par le ministre de l'instruction publique, le 12 mars 1856 (B. p. 407), sur les salles d'asile, les passages suivants :

« Madame, l'auguste protection dont Votre Majesté honore les salles d'asile, leur a communiqué une vie nouvelle. Aujourd'hui, sur tous les points de l'Empire, on voit les comités de patronage se constituer, étendre une sollicitude maternelle sur les misères physiques et morales du premier âge, s'efforcer, en un mot, de faire descendre au milieu des familles indigentes l'inestimable bienfait d'une éducation religieuse.

» Mais Votre Majesté n'a pas seulement pris l'initiative d'une idée féconde, son active bienveillance en a suivi l'application. En manifestant l'intention de décerner des médailles à son effigie aux meilleures directrices de salles d'asile, Votre Majesté suscitait, parmi ces femmes zélées, une émulation salutaire, et les récompenses individuelles qu'Elle se proposait d'accorder devenaient un encouragement général pour le progrès de l'institution elle-même... » (Suivent les noms de vingt-cinq directrices auxquelles la médaille est décernée.)

Abandon par l'Impératrice d'une somme de 80,000 fr. pour la création de l'Orphelinat.

Une souscription, ouverte à Paris dans le but d'offrir à Sa Majesté l'Impératrice et au Prince impérial un témoignage de gratitude, produit une somme de 80,000 fr. Le ministre de l'intérieur répond, au nom de l'Impératrice, aux présidents des divers comités de souscription, à la date du 20 mai 1856 :

« L'Impératrice acceptera avec gratitude ces volumes de signatures, éloquents témoignages des sentiments d'affection de la population parisienne. Mais quant aux sommes produites par la souscription, vous lui permettrez d'en faire, comme des 600,000 fr. votés lors du mariage par le conseil municipal, une œuvre de bienfaisance pour les enfants du peuple. Patronne des sociétés de charité maternelle et des salles d'asile, Elle désire placer sous le patronage de son fils les pauvres orphelins ; Elle veut que le malheureux ouvrier, enlevé prématurément à sa famille, emporte du moins, en mourant, la consolante pensée que la bienveillance impériale veillera sur ses enfants. Mais il ne s'agit pas seulement de leur assurer la ressource ordinaire d'une maison de refuge, l'Impératrice a puisé dans son cœur une idée plus touchante : sous le patronage du Prince impérial, une commission permanente et gratuite, présidée par le ministre de l'intérieur, recherchera en même temps dans Paris et les orphelins et les honnêtes ménages d'ouvriers qui, moyennant une subvention annuelle, voudront prendre chez eux ces pauvres enfants, les élever, leur donner une nouvelle famille et l'apprentissage d'un état. Cette œuvre, sans autres frais que ceux de l'allocation même, qui pour chaque enfant devra toujours être largement calculée, profitera presque autant à la famille adoptive qu'à l'orphelin qui lui sera confié, et l'Impératrice aura ainsi réalisé la pieuse et délicate pensée de donner à ces pauvres petits êtres que la mort a privés de leur soutien, non pas l'abri d'un hospice, mais l'appui, l'affection, les soins d'une nouvelle famille.

» Au revenu produit annuellement par le montant de la souscription placé en rentes sur l'Etat, l'Empereur, chaque année, et jusqu'à ce que son fils puisse le faire lui-même, ajoutera sur sa cassette les 30,000 fr. nécessaires pour que cent orphelins au moins soient toujours ainsi patronnés... » (*Monit.* 25 mai 1856.)

Le nombre des pupilles de l'Orphelinat s'élève aujourd'hui à 82. (*Mon.* 16 mars 1857.)

Autres secours de l'Impératrice en faveur des inondés, etc.

Pendant que l'Empereur porte lui-même aux inondés des secours et des consolations, l'Impératrice, émue comme lui de tant de misères, a exprimé au Ministre de l'intérieur le désir qu'une souscription fût immédiatement ouverte pour les soulager, et a souscrit elle-même, en faveur des victimes de l'inondation, pour la somme de 20,000 fr. en son nom, et pour 10,000 fr. au nom du Prince impérial. (*Monit.* 5 juin 1856.)

Distribution de livrets de la caisse d'épargne aux élèves de l'association philotechnique pour l'instruction gratuite des ouvriers.

Six livrets ont été distribués au nom de l'Empereur et six au nom de l'Impératrice. (*Monit.* 13 janvier 1857.)

PARIS. — IMPRIMERIE CENTRALE DE NAPOLÉON CHAIX ET Cie, RUE BERGÈRE, 20.